21세기
최고 CEO들의
경영철학

How to Think
Like an Entrepreneur

How to Think Like an Entrepreneur by Daniel Smith

21세기 최고 CEO들의 경영철학

How to Think
Like an Entrepreneur

다니엘 스미스 지음
김문주 옮김

SA Publishing Co.
에 세 이 출 판

"기업가는 언제나 변화를 찾아내어,
여기에 반응하고 기회로 활용한다."

피터 드러커, 《일의 철학the daily drucker, 2004)》 중에서

기업가 [명사] 이익이나 손실을 입을 가능성을 안고 기업이나 사업을 책임지는 사람
옥스퍼드 영어사전

들어가면서

기업가들은 인류의 역사가 시작한 이래 언제나 우리와 함께 존재해 왔다. 상상해 보건대 선사시대 원시인들 중에서도 자기가 들소 고기 굽기의 달인임을 깨닫고는 날고기나 물 한 바가지, 아니면 그럴 듯한 벽화 한 점을 먹거리와 바꾸는 작은 기업을 세운 이가 있었을 것이다.

하지만, 좀 더 최근에 들어서야 기업가라는 단어가 흔한 어휘가 됐고 우리 경제체제에서 없어서는 안 될 요소로 인정받고 있다. 계몽주의, 또는 그 언저리까지 거슬러 올라가 경제학이 정식으로 연구되기 시작한 초기에는 경제적 행위자(즉, 사람들 말이다!)란 주어진 모든 증거를 분석해 이를 바탕으로 합리적인 결정을 내리는 합리적 존재라고 가정했다. 따라서 당시의 경제학 모델에서는 기업가의 개념을 다룰 여지가 거의 없었다. 기업가란 부(富)라는 보상을 받으리라는 희망을 품고 본능적이면서도 위험하게 행동하며 불확실한 길을 선택하는 경향이 있는 개인이니까.

그러나 20세기 중반 이후, 대부분의 경제활동은 냉정하고 차분한 합리주의와는 관련 없이 이뤄진다는 이해가 광범위하게 퍼졌고, 이러한 깨달음 덕에 기업가라는 존재가 전면에 나설 수 있게 됐다.

그렇다면 우리가 이야기하는 기업가정신이란 정확히 무엇인가? 이를 샅샅이 살펴보자면 상대적으로 단순한 개념이다. 기업가란 시장의 틈새를 채울 수 있는 사업을 만들어 내고, 커다란 위험을 감수하면서 결과적으로 보상을 누리는 개인이다. 일반적으로, 기업가는 소비자의 수요를 충족해 주는 새로운 아이디어를 이용하는 혁신가이기도 하다. 조지프 슘펜터(1883~1950)는 그러한 인물들과 이들이 시장에 가져오는 역동적인 불안정을 진심으로 찬양하는 최초의 경제학자 중 하나로, 이러한 불안정이 건강한 경제의 표상이라고 보았다.

법조계나 의료계 종사자들과는 달리 기업가는 정해진 길을 따라 가는 안락함을 누릴 수 없다. 이들의 여정은 본질적으로 아주 위험하고, 수없이 많은 장애물이 산재해 있으며, 끊임없는 위협이 숨어 있다. 1970년대 이후 수많은 스타트업의 아버지였던 스티브 블랭크는 그러한 불확실성을 즐겼다.

"여러분이 새로운 사업을 시작할 때 가장 확실하게 말할 수 있는 건 당신이 틀렸다는 사실이다……. 스타트업은 이미 알려진 것들을 실행에 옮기는 것이 아니다. 대부분의 스타트업은 다양한 미지의 것들을 마주하게 된다. 즉 아직 알 수 없는 미지의 고객 세분화와 미지의 고객 욕구, 미지의 제품 특성 등을 다뤄야 하는 것이다."

궁극적으로 기업가는 자신만의 길을 찾아가면서 그 과정에서 잘 대처해야 할 뿐 아니라 적극적으로 성공할 수 있어야 한다. 고된 노력을 쏟는 것은 피할 수가 없으며, 따라서 빠르게 배우고 스마트하게 일하는 것 역시 대처에 필수적인 기술이다. 미국 전(前) 행정관리예산국 국장 로이 애시는 1984년 다음과 같이 말했다.

"기업가는 자기가 씹을 수 있는 양보다 조금 더 많이 베어 문다. 씹는 법을 곧 배우게 되리라 기대하면서."

기업가가 처음에 혁신적인 아이디어를 품고 결국에는 완전히 독립적인 사업을 세우기까지 직면하게 되는 도전들을 떠올려 보자. 그 기업가의 심리에 대해 이해하려는 여러분에게 이 책이 도움이 되길 바란다. 우리는 이 여정에서 신중함, 회복탄력성, 유연성을 비롯해 열정과 용기, 자기믿음, 진취성, 그리고 그 외에 많은 요소들을 필요로 한다는 것을 알게 될 것이다. 또한 브랜딩과 고용, 규모 확장 등의 중대업무 뒤에 감춰진 심리도 탐구할 수 있을 것이다. 좀 더 근본적으로는, 잘나가는 기업가들이 "이런 건 할 수 없을 거야."라는 소소한 의구심을 떨쳐 버리고 "그래, 난 할 수 있어!"를 깨달을 수 있었던 방법을 살펴보려 한다. 인도계 대기업 바르티 엔터프라이즈의 수닐 미탈 회장은 2008년 와튼 경영대학원 웹진인 날리지 앳 와튼(Knowledge@Wharton)에서 자신의 사업 초기에 대해 이렇게 회상했다.

"마음속으로 사회적 통념에 저항하는 한편, 젊은 기업가는 해낼 수 없으리라는 편견에 도전하기로 결심하는 일이 가장 중요했다."

이 책을 읽으면서 탐구의 대상이 될 만한 생각과 아이디어와 경험을 내놓는 기업가들이 반드시 인성 면에서도 모범이 되는 것은 아님을 염두에 두도록 하자. 영리적 영역 밖에서도 롤 모델로 추앙받거나 그렇게 간주되길 바라는 기업가는 거의 없다. 한 번쯤은 정부와 싸움을 벌이는 기업가들도 있을 것이다. 어쩌면 경쟁의 규칙을 어기거나 미심쩍은 노동 제도를 활용했을 수도 있다. 내가 이 책의 집필을 끝낼 무렵에도 어느 유명한 기업가는 무고한 제삼자의 명예를 훼손한 혐의로 재판을 받았다. 비록 무죄 선고를 받았을망정 그 내용은 유익하다고 보기 힘든 수준이었다. 이 책에는 그러한 기업가들이 등장하지만 이들을 영웅시하라고 장려하는 것은 아니다. 그보다는 그 어떤 특정한 결점과는 상관없이 이들은 성공적인 경영계 인물로서, 기업가주의(entrepreneurism)의 기술에 대해 이야기하거나 설명할 만한 흥미로운 요소를 가졌기 때문이다.

그럼에도 우리는 사업적으로 철저히 성공하면서도 기본적인 품위의 핵심을 유지할 수 있음을 알게 될 것이다. 마틴 루이스의 1997년 작 《성공에 대한 반성(Reflections on Success)》에서 리차드 브랜슨이 한 이야기를 살펴보자.

사람들은 기업가란 정상에 오르기 위해 모든 이를 짓밟고 위협하는 인간이라는 고정관념을 가지고 있는 것 같다. 분명 그런 기업가들이 있고, 그런 식으로 어떻게든 해 나갈 수 있기도 하다. 그러나 대개는 결국 그 인과응보를 치르게 되어 있다.

실제로 이 책에는 기업가주의와 이 세상을 더 좋은 곳으로 만드는 일이 결코 상호배타적이지 않다는 증거가 차고 넘친다. 이를테면 실리콘밸리의 엄청난 갑부 군단이 벌이는 자선사업이나, 더 바디샵의 창업자 애니타 로딕 같은 이들이 옹호하는 원칙에 입각한 사업적 거래처럼 말이다. 애니타 로딕은 기업가란 무엇인가에 대해 자신만의 이론으로 완벽하게 요약하여 대답한 여성이었다.

"기업가는 아주 열정적인 사람이자 독특한 북소리에 맞춰 춤을 추는 사람이지만, 성공을 개인적 부(富)와 동일시하지 않는다."

마지막으로 아마존(Amazon) 창업자 제프 베조스의 말로 이 글을 마치려고 한다. 그는 2004년 Inc.com과의 인터뷰에서 이렇게 말했다.

"기업가정신에서 정말로 중요한 것은 자기 사업을 한다는 것이 아니라 마음가짐이다. 기업가정신에서는 임기응변에 능하고 문제를 해결할 수 있는지가 관건이다."

How to Think Like an Entrepreneur

Contents

Contents

How to Think
Like an Entrepreneur

시장의 틈새를 찾아내라

"기회는 버스와 같다. 한 대를 놓치면
또 다른 한 대가 오기 마련이다."
리처드 브랜슨, 2012년

기업가의 일이란 이론상 아주 단순하다. 시장의 틈새를 찾아내어 메우는 것이다. 어떤 경우에 기업가는 그 누구도 제안한 적 없는 제품이나 서비스를 제공한다. 또 다른 경우에는 기존의 제공자가 있지만 그 제품이나 서비스를 더 좋게, 또는 더 싸게 제공하는 방식을 개발하기도 한다. 그렇게 해서 고객을 경쟁 기업에게서 빼앗아 자기 기업으로 끌어오는 것이다.

시장의 어느 틈새를 메울지 생각할 때 다음의 질문들을 한번 고려해 보는 것도 방법이다.

- 무엇을 잘하는가? 기업가들은 틈새를 찾아냈으면서도 개인적으로는 전문지식이 부족한 영역에서 사업을 시작하는 것으로 알려져 있다. 하지만, 그렇게 하기로 결정했다면 처음부터 그 지식과 경험 부족을 보완해 줄 사람들을 든든히 갖출 필요가 있다. 대부분의 기업가들은 개인적으로 공감할 수 있는 영역에 집중하는 경향이 있다. 예를 들어 실리콘밸리에는 테크노포비아(Techno-phobia, 첨단 기술에 대한 공포감이나 적대감을 느끼는 것_옮긴이)보다는 테크 긱(Tech-Geek, 테크노광)이 더 많기 마련이다!

- 여러분이 택한 시장에 틈새가 있는가? 여러분에게 혁신이라는 재능이 있는가? 예를 들어, 2008년 트래비스 칼라닉과 개릿 캠프는 파리에서 콘퍼런스가 끝난 후 택시를 잡을 수가 없었다. 두 사람은 택시를 부르고 추적하는 과정을 혁신적으로 바꿔 놓을 수 있는 모바일 기술이 존재한다는 것을 깨달았다. 그렇게 우버가 탄생했다.

- 아니면 이미 존재하는 사업을 개선하려 하는가? 이미 다른 기업이 하고 있는 사업들을 베끼되 더 발전시킬 수 있는가? 기존의 기업들이 충족시키지 못한 수준의 고객 서비스를 제공할 수 있는가? 세상에서 가장 맛있는 빵을 만드는 베이커리를 세우려 하는가, 아니면 업계에서 가장 고급스러운 옷을 파는 패션 부티크를 열려 하는가?

• 수요를 예측할 수 있는가? 여러분의 아이디어는 기발한 제품이 될 수도 있다. 그러나 시장의 규모는 새로운 참가자가 들어와도 버틸 수 있을 정도로 충분히 큰가? 여러분이 제공하는 제품과 서비스는 기존의 기업들이 단순히 대응하고 여러분을 몰아낼 수 없을 정도로 차별화되어 있는가?

여러분이 채워 나갈 틈새를 탐지하기 위한 핵심은 바로 열린 마음에 있다. 위대한 기업가들은 시장의 어떤 측면이 실패하고 있으며 그러한 실패를 어떻게 바로잡을 수 있는지 고심한다는 점에서 유연한 사상가라 할 수 있다. 델 컴퓨터(Dell Computers)의 창업자인 마이클 델은 다음과 같이 말했다.

“우리가 언제나 우리의 길을 개척해 올 수 있던 것은, 호기심을 통해 새로운 방식으로 기회를 보았기 때문이다.”

델은 시장의 틈새를 감지해 낸 덕에 1990년대와 새로운 세기에 엄청나게 성장하는 황금기를 누릴 수 있었다. 즉, 기술에 능한 사람들의 숫자가 점차 늘어나면서 이들은 제조업체에 컴퓨터를 주문해 단 며칠 만에 배송받아 직접 제작하고 싶어 했던 것이다. 하지만 그 어느 기업도 합심해서 이러한 수요에 맞추려 하지 않았기에 델이 뛰어들어 그 결과물을 수확해 냈다.

틈새를 찾아내는 확실한 방법에는 두 가지가 있다. 때로는 기업가가 적극적으로 틈새를 찾아내기 위해 나서는 유형이 있는가 하면, 틈새 수요가 먼저 그 기업을 찾아내는 유형도 있다. 이러한 유형의 기업가를 보여 주는 대표적인 사례로는 알리바바 그룹의 창업자인 마윈이 있다. 마윈은 사업을 시작하던 1990년대 후반, 자신의 모국인 중국이 폭발적인 인터넷 성장이 주는 기회를 제대로 활용하지 못하고 있다고 봤다. 따라서 그 부족함을 메우기 위해 자신이 직접 뛰어들어서, 중국 내 기업들을 글로벌 네트워크로 연결해 주는 웹 플랫폼을 구축하기로 했다. 게다가 마윈은 기존의 시장에서 성공하기 위해 반드시 깊은 전문지식을 가질 필요는 없음을 증명했다. 그는 평생 코딩 한 줄 해 본 적 없다고 주장하는 인터넷 갑부니까!

한편, 래리 페이지와 세르게이 브린은 두 번째 유형에 속한다. 1990년대 중반 이 둘은 스탠퍼드에서 공부하면서, 더 뛰어난 인터넷 검색 결과를 끌어내기 위한 노력의 일환으로 알고리즘을 연구했다. 이들은 염두에 두고 있던 자신들의 박사 논문과 관련해 방대한 양의 인터넷 링크를 수집하기 시작했다. 그렇다고 해서 꼭 검색엔진을 구축하겠다는 원대한 의도가 있었던 것은 아니었다. 그러나 둘의 의도와는 전혀 다르게 이 연구의 종착지는 바로 검색엔진이 됐다.

"그래서 우리는 친구들과 교수님들에게 검색엔진에 대해 이야기를 했지요."

페이지는 2004년 블룸버그 비즈니스위크와의 인터뷰에서 이렇게 설명했다.

"머지않아 매일 1만 명의 사람들이 검색엔진을 사용하게 됐어요. 그런데 저희는 온갖 검색 기업의 CEO들과 대화를 하다가 깨달았지요. 상업적으로 그 누구도 검색엔진을 구축할 생각이 없다는 사실을요. 저들은 '아, 우리는 검색엔진에 대해서는 하나도 신경 안 씁니다'라고 하더군요. 따라서 여기에 어마어마한 사업 기회가 숨어 있지만 우리 말고는 아무도 연구하지 않을 것임을 깨달았어요."

정말로 위대한 기업가들은 오래된 시장의 틈새를 메우는 데에 성공한다 하더라도 계속적으로 새로운 틈새를 찾아 나선다. 예를 들어, 넷플릭스는 진화하는 연예오락 산업의 다양한 틈새를 채워 나가기 위해 스스로 재편(再編)한 기업이다. 1997년으로 거슬러 올라가, 창업자 리드 해스팅스와 마크 루돌프는 고객들이 다른 방식으로 오락물을 소비하기 시작했음을 깨달았다. 한때 사람들이 비디오를 빌리기 위해 동네 블록버스터 비디오 가게에 갔다면, 오늘날의 고객들은 자라면서 점차 아마존 같은 온라인 상점에 익숙해져 가고 있었다. 따라서 넷플릭스는 DVD 대여 서비스를 시작했고, 온라인으로 주문을 받아 우편으로 DVD를 발송했다. 그러나 세월이 흐르면서 개인 전자기기에서 온라인으로 직접 콘텐츠를 재생하는 것이 가능해지는 새로운 현상이 나타났다. 넷플릭스는 낡고 사그라져 가는 자사의 모델을 버리고 스스로 다시 태어났다. 우선은 다운로드가 가능한 서비스를, 그 후에는 스트리밍 서비스를 도입한 것이다. 좀 더 최근에 들어서 다른 주자들이 스트리밍 서비스 시장에 뛰어들자 넷플릭스는 콘텐츠 제작자가 됐고, 독창적인 콘텐츠를 보유한 가장 앞서가는 서비스 제공자가 되기 위해 어마어마한 금액을 투자하고 있다.

2012년 와이어드지(誌)와의 인터뷰에서, 해스팅스는 시장의 틈새를 탐지하고 어느 곳을 메울지 결정하는 것에는 본질적인 위험성이 존재한다는 점에 대해 다음과 같은 명언을 남겼다.

"하지만 기업가로서 우리는, 지나가는 새를 붙잡을 수 있을 거라는 자신감을 가지고 비행기에서 뛰어내려야 해요. 멍청한 짓이죠. 그리고 대부분의 기업가들은 철퍼덕, 땅에 퍼져 버려요. 새가 오지 않은 거지요. 하지만 분명 몇 번은 그런 새가 지나가게 되어 있답니다."

스스로를 믿자

"뭔가를 시작하는 방법은
말은 그만하고 행동하기 시작하는 것이다."

월트 디즈니

전 세계 수백만의 사람들은 자기들이 품은 훌륭한 아이디어를 바탕으로 스스로 상사가 되고, 자신만의 사업을 하고, 성공적인 기업을 만들어 내는 꿈을 꾼다. 그러나 단 한 번 사업을 시작해 보는 것조차 아주 극소수의 사람들에게만 가능한 일이다. 대신에 사람들은 자신이 알고 있는 것에 집착하고, 다른 사람들 밑에서 일하며, 가끔은 재능을 착취당하면서 자신이 아닌 다른 누군가가 큰돈을 벌 수 있게 도와주기도 한다. 성공적인 기업가에게 필요한 첫 번째 특성은 자기믿음이다. 성공을 위해 필요한 요소를 내가 가지고 있지 않다면 이 세상 그 누구도 가지고 있지 않다고 확신해도 좋다. 미지의 세계로 한 걸음 내디딜 수 있는 자신감, 즉 오롯이 나만의 사업을 일구겠다는 자신감이 없다면 내 꿈은 그저 그렇게, 실현되지 못한 마음속 이야기로만 남게 된다.

모든 성공한 기업가들에게는 자신의 아이디어를 행동으로 옮기겠다고 다짐하는 결정의 순간을 거쳤다는 공통점이 있다. 이들은 하나같이 자신이 시장에서 성공할 수 있으리라 믿기로 '결심'했다. 심지어 정규직으로 취직해 다른 누군가에게 모든 위험을 떠넘기는 더 안전한 선택지가 있을 때도 마찬가지였다. 이들은 직접 위험을 감수하는 쪽을 선택하면서, 자신은 그에 따라오는 이익을 얻을 수 있을 만큼 잘해낼 수 있다는 낙천적인 마음을 가졌다. 또한 "너는 할 수 있어."라고 말하는 내면의 목소리에 귀를 기울이기도 했다. 애플의 공동창업자 스티브 잡스는 2005년 스탠퍼드 대학교의 졸업 축하 연설에서 이렇게 말했다.

여러분의 시간은 한정되어 있습니다. 그러니 다른 누군가의 인생을 사느라 시간을 낭비하지 마세요. 정설(定說)에 갇혀 있지 마세요. 그건 다른 이들이 생각해 낸 결과에 따라 사는 거니까요. 다른 이들이 낸 의견이 만들어 내는 소음에 여러분 내면의 목소리가 덮이도록 내버려 두지 마세요. 무엇보다 중요한 것은 여러분의 마음과 직관을 따라갈 수 있는 용기를 가지는 것입니다. 마음과 직관은 여러분이 진정으로 무엇이 되고 싶은지를 왜인지는 몰라도 이미 알고 있습니다. 그 외의 모든 것은 부차적이지요.

몇몇 포부 넘치는 기업가들은 자신들의 사업 아이디어가 아직 제대로 구체화되지 못했다는 두려움에 주춤하기도 한다. 그 누구도 어설픈 계획을 가지고 사업을 성공으로 이끌 수 있을 거라 기대할 수 없다. 마찬가지로 성공을 보장해 주는 모든 요소들을 이미 갖춘 채 탄생하는 기업 역시 거의 없는 것도 사실이다. 첫날부터 제품이나 서비스, 브랜드, 마케팅, 재무와 시장 연락망을 제대로 갖추고 있을 가능성은 사실 희박하다. 기업가로서의 여정에서 필수적인 요소는 사업을 만들고 고객을 위해 준비할 시간을 가지는 것이다. 현실적으로, 여러분의 사업이 처음부터 최고가 되기를 목표로 삼는 것은 존경스럽기는 하지만, 완벽할 수 있다고 믿는 것은 어리석다. 페이스북(Facebook)의 마크 주커버그는 2016년 와이어드지(誌)와의 인터뷰에서 이렇게 말했다.

"어떤 일을 할 때, 완벽해야만 시작할 수 있다고 믿는다면 대부분은 결코 시작할 수 없을 것이다."

전설적인 패션 디자이너 코코 샤넬은 기업가가 스스로에 대해 믿음을 가지는 것이 가장 중요한 자산임을 보여 주는 훌륭한 케이스 스터디다. 1883년 가브리엘 보네르 샤넬로 태어난 그녀의 시작은 보잘것없었다. 세탁부 어머니와 길거리 노점상 아버지 사이에서 태어난 사생아인 데다 고작 열두 살에 어머니를 여의었다. 그 후 몇 년간 수녀원에서 지내면서 바느질을 배웠고, 이 소중한 기술 덕에 침모로 일할 수 있었다. 그러나 그녀가 더 많은 일을 이루게 되리라 기대하는 사람은 거의 없었다.

그러나 코코는 변화의 바람이 불어오고 있음을 감지했다. 당시 여성들은 코르셋으로 몸을 꽉 죄고, 드레스는 거추장스러운 버슬(bustle, 스커트 뒷자락을 부풀리기 위해 허리에 대는 물건_옮긴이)로 장식했다. 그것이 유행하던 스타일이었는데, 그녀는 그런 실루엣이 나오도록 옷을 수선하는 일로 커리어를 시작했다. 하지만 1910년대에 접어들면서 그녀는 처음으로 가정에서 벗어난 삶을 꿈꾸는 여성들이 상당히 많다는 사실을 깨달았다. 코코의 고객들은 이제 멋지게 보이면서도 동시에 실용적이며 편안한 옷을 간절히 바라고 있었고, 코코는 자신이 그러한 옷을 만들어 내는 여자가 되어야겠다고 결심했다.

코코는 파리에 자그마한 여성용 모자 공방을 열기 위해 종잣돈을 마련했다. 그 후에는 도빌의 바닷가 마을에 두 번째 공방을, 세 번째는 비아리츠에 냈다. 창의적인 마케터였던 코코는 젊고 아름다운 친척 두 명을 고용해 그들에게 그녀의 옷을 입고 길거리를 누비고 다니도록 했다. 그녀는 1918년 파리의 패션지구 한가운데에 첫 번째 정식 패션 부티크를 열기에 충분한 돈을 모았다. 또한 여성들을 위해 언제나 우아하면서도 실용적인 패션라인을 만들어 내는 한편 여성해방운동이 탄생시킨 새로운 시장에 발맞추기 위해, 저지 원단 같은 혁신적이고 새로운 직물들을 사용하면서 세계적인 명성과 개인적인 부를 얻었다.

코코 샤넬은 세계 각국의 셀프 스타터(self-starter, 자기주도적으로 일을 하는 사람_옮긴이)들에게 청사진을 제시해 준다. 코코의 입장에서는 자기같이 불우한 배경을 지닌 사람은 국경을 넘나드는 자기 사업을 벌이지 않아야 한다고 결론내리는 것이 쉬웠을 수도 있다(당연하게도 20세기 초 시장 진입의 장벽은 남자보다는 여자에게 상대적으로 훨씬 더 높았다). 하지만 그녀는 스스로가 디자이너이자 세계적인 비즈니스 아이콘이 될 수 있는 경영 인재로서 실력을 갖췄다고 믿었다. 디즈니의 모토에 따라, 코코는 말하는 데에만 머무르는 대신 행동에 착수했던 것이다.

확 땡겨 주는 좋은 아이디어

시작조차 말려야 할 것 같은 시장 상황 속에서도 자기 사업을 일궈낼 용기를 가졌던 또 다른 기업가가 한 명 더 있다. 바로 속옷 회사 스팽스(Spanx)의 창업자인 사라 브레이클리다. 브레이클리는 세상을 모두 익혀 버릴 듯 뜨거운 플로리다의 태양 아래서 영업사원 교육 담당자로 일하던 중, 그녀의 트레이드마크인 몸매보정용 발 없는 스타킹에 대한 아이디어를 떠올렸다. 그녀는 스타킹의 장점을 그대로 가져가면서도 앞코가 없는 오픈 토 샌들을 좋아하는 자기 취향에도 들어맞는 제품을 만들고 싶었다. 때문에 노후자금을 투자해 시제품을 개발하려 했지만 스타킹 공장에 연락하는 족족 이 사업 아이디어는 퇴짜를 맞았다. 심지어 그녀의 생각이 너무 터무니없어서 분명 장난일 것이라고 보는 이들도 있었다. 하지만 마침내 어느 공장 주인이 자기 딸들에게 이 아이디어가 어떠냐고 물었고, 딸들이 좋은 아이디어라고 대답하자 이 제품을 생산해 주겠다고 승낙했다. 스팽스 브랜드는 엄청난 히트를 쳤고 브레이클리는 자수성가한 억만장자의 대열에 합류했다.

영감(靈感)과 노력

"우물쭈물하지 말고 실행에 옮기는 것이 결정적 요소다."

아타리와 처키치즈(Chuck E. Cheese)[1]의 창업자 놀란 부쉬넬,
척 갈로치가 톱 어치브먼트 닷 컴(Top Achievement.com)에서 인용

모든 기업가들은 크든 작든 꿈을 품은 사람들이다. 하지만 그 꿈과 야망을, 행동으로 옮기는 원동력으로 활용할 수 있는 능력을 가진 자만이 그저 몽상가가 아닌 기업가가 될 수 있다. 이에 대해 부쉬넬은 위의 말에 이어 이렇게 말했다.

"아주 간단하다. 많은 사람들은 아이디어를 가지고 있으나, 이제 그 아이디어를 어떻게든 실행해야겠다고 결심한 사람은 거의 없다. 내일도 아니고, 다음 주도 아니고, 바로 오늘이어야 한다. 진

1. 컴퓨터 오락장과 간이식당을 갖춘 프랜차이즈 시설

정한 기업가는 실행에 옮기는 사람이지, 꿈을 꾸는 사람이 아니다."

이 정서는 시대를 초월해 기업가들 사이에서 되풀이된다. 다른 기업가들은 물론이요, 토머스 에디슨 역시 1923년 언론계 인사들 앞에서 이렇게 언급했다.

"제 발명품 가운데 우연히 만들어진 것은 하나도 없습니다. 어떤 필요성이 눈에 들어오고 이를 충족시켜야겠다는 생각이 들 때, 저는 그러한 제품을 만들 수 있을 때까지 실험을 하고 또 합니다. 결국에는 1퍼센트의 영감과 99퍼센트의 노력으로 만들어진다는 거죠."

에디슨은 진정한 천재였다. 그러나 그는 아무리 위대한 꿈과 최고의 아이디어를 가지고 있어도 이를 실현하기 위해 열심히 노력할 준비가 되어 있지 않다면 별로 의미가 없음을 강조하려 애썼다.

켄터키 프라이드치킨의 창업자인 할랜드 데이비드 샌더스 '대령' 역시 또 다른 기업가 성공 사례로, 여기에는 그의 아주 특별한 노동관이 크게 기인한다. 그는 사업이 성공하기 전까지 전국 방방곡곡을 돌아다니며 도선업자, 순회 영업사원, 그리고 주유소 사원으로서 다양한 노동을 해 왔다. 어느새 그는 넘쳐 나는 손님들을 받기 위해 첫 번째 식당 근처에 있는 자기 집까지 내줘야 할 정도가 됐으면서도, 이 손님들에게 음식을 제공하지 않는 빈 시간에는 튀김 기술을 완벽하게 갈고 닦으면서 튀김옷 '비밀 레시피'를 개발했고 결국엔 막대한 부를 얻을 수 있었다.

좀 더 최근 들어서, 빌 게이츠는 자신의 20대 시절에 마이크로소프트를 세계적으로 잘나가는 소프트웨어 기업으로 키우느라 고군분투하느라 단 하루도 쉰 적이 없다고 털어놨다. 이와 비슷하게 제프 베조스 역시 아마존 초창기에는 하루에 21시간씩 일주일 내내 일했고, 가끔은 제품들이 제시간에 발송됐는지 확인하기 위해 새벽 2~3시에도 일어난 것으로 알려져 있다. 제프 베조스의 근면성실함은 이미 학창시절부터 유명했다. 그의 옛 친구 하나는 서글프게 회상했다. 베조스가 고등학교 졸업생 대표가 되겠다고 선언하자 다른 학생들은 그저 포기하고 2등 자리나 노려야 했다고 말이다. 또한 펩시코(PepsiCo)의 전(前) CEO 인드라 누이 역시 자정부터 새벽 5시까지 리셉셔니스트로 일하면서도 예일대학교 MBA 과정을 졸업했고, 훗날 한 인터뷰에서 자신이 더 많은 일을 할 수 있도록 하루가 서른다섯 시간이길 바랐었다고 언급하기도 했다.

오랜 시간 동안 노력을 기울인 또 다른 인물로 개리 베이너척이 있다. 그는 집안에서 운영해 온 와인 사업을 물려받아 5년간 사장으로 일하면서 그 규모를 3백만 달러에서 4억 6천만 달러까지 키워 냈다. 2009년 그는 저서 《크러쉬 잇! SNS로 열정을 돈으로 바꿔라》에서 자신의 성공 레시피를 이렇게 요약했다.

"가족을 사랑하라. 뽕 빠지게 일하라. 열정적으로 살라."

그러나 '더 많은 시간=더 많은 성공'이라는 공식이 틀렸다면? 대다수의 사람들은 이 공식이 틀렸다고 생각한다. 그렇기 때문에 '더 열심히 말고, 더 스마트하게 일하자'라는 개념이 최근 몇 년 사이 엄청나게 각광받게 됐다. 이러한 개념의 지지자들은, 의욕도 없고 애초에 왜 일하러 왔는지도 잊어버린 좀비 같은 직원들로 가득 찬 사무실은 회사를 발전시키지 못한다고 강조한다. 대신에, 자신의 '해야 할 일' 목록을 전략적으로 짜고 회사에 영향을 미칠 업무들에 초점을 맞출 수 있는 개인 역량과 에너지를 지닌 빠릿빠릿한 직원들이 발전을 이룩해 낸다는 것이다. 예를 들어 소위 파레토의 법칙은 20퍼센트의 뛰어난 인재들이 사업의 80퍼센트를 일궈 낸다는 의미다. 고객을 찾아내리라는 막연한 희망을 품은 채 무작정 헤매고 다니면서 기를 빨리는 대신 누군가가 스마트하게 일해서 20퍼센트의 뛰어난 인재들이 집중할 수 있는 대상을 전략적으로 발굴해 냈을 때, 창출되는 이윤을 떠올려 보자.

스마트하게 일하기 위해서는 스스로의 개인적 강점과 약점을 살펴보는 것이 필요하다. 그래야만 자신이 가장 잘할 수 있는 일에 전력을 다하고, 강점을 발휘할 수 없는 업무들은 분산시킬 수 있다. 기업가는 110퍼센트의 에너지를 사업에 쏟아부음으로써 성공의 가능성을 극대화할 수 있다고 생각할 수도 있다. 하지만 모든 초등학생들도 알고 있듯 그 정도로 노력을 쏟는다는 것은 사실상 불가능하다. 혹시 가능하다 하더라도 곧 그 기업가는 비축하고 있던 에너지를 모두 다 써 버리고 번아웃 되고 말 것이다.

2013년 커뮤니케이션 및 전문 역량 개발 기업인 파인포인트(FinePoint) 창업자 메러디스 파인먼은 더 스마트하게 일하는 법을 주제로 하버드 비즈니스 리뷰에 기고했다.

여러분이 사무실에서 영혼이 완전히 탈출한 채로 눈이 뻑뻑해지도록 꼬박 열다섯 시간을 보낸다고 해서 어떤 일을 스마트한 방식으로 해낼 수 있다는 의미는 아니다. 그동안 많은 사람들이 줄곧 이러한 이야기를 말과 글로 전해 왔다. 보통 사람들은 90분에서 120분가량의 시간을 보낸 후 인터넷 서핑이나 SNS로 빠져든다. 휴식도 없이 책상 앞에서 15시간을 연달아 앉아 있을 때 여러분의 성과물은 어느 정도나 훌륭하게 나올까? 얼마나 많은 시간을 낭비하고 있는가? (중략) 이 말은 여러분에게 근면성실할 필요가 없다거나 건성으로 일하라는 뜻이 아니다. 그보다는 여러분이 할 수 있는 모든 일을 하는 것보다, 반드시 해야만 하는 일이 무엇인지를 아는 것이 중요하다는 뜻이다. 관건은 '전략적'이 되는 것이다.

리처드 브랜슨은 근로 형태가 더 유연해져야 한다고 가장 대놓고 지지하는 사람들 가운데 하나다. 예를 들어, 브랜슨의 회사에서는 무제한 휴가를 쓸 수 있을 뿐 아니라 재택근무를 선택할 수도 있다. 직원들이 더 적게 일한다는 의미가 아니다. 사람들이 직업적 삶과 개인적 삶 사이에서 더 나은 균형점을 찾을 수 있게 되면서 더 행복해지고 더 생산적이 되고, 결국 모두에게 도움이 된다는 생각에서 나온 것이다. 기술 발전 덕에 미래의 노동자들은 지금 같으면 일주일 내내 해야 하는 일을 3, 4일 내에 해치울 수 있다는 기대를 품게 됐다.

"누구든 사랑하는 사람과 함께 시간을 보낼 수 있고, 탄탄한 몸

매와 건강을 얻을 수 있고, 또 세상을 탐험할 시간을 더 많이 누릴 수 있다면 기쁘게 받아들일 겁니다."

브랜슨은 직원들이 사무실에서 더 오래 머물러야 한다고 걱정할 필요가 줄어들수록 더 스마트하게 일할 것이라고 장담했다. (다만, 무기한 휴가를 쓸 수 있는 권리가 주어지기는 했지만, 실제로는 일부 직원이 상사의 비위를 맞추느라 오히려 휴가를 적게 가는 결과를 낳았다는 점은 눈여겨보도록 하자. 속담에 따르면 '지옥으로 가는 길은 선한 의도로 포장되어 있다The road to hell is paved with good intentions, 착한 의도로 시작한 일이 나쁜 결과를 낳는다는 의미의 서양 속담'고 하지 않던가.)

물론, 열심히 일하는 것은 기업이 성공하기 위해서 없어서는 안 될 요소다. 하지만, 열심히 일하는 것 자체를 위해 열심히 일하는 것은 무의미하다. 성공적인 기업가는 실행에 옮기는 사람이면서도, 결정적인 우위에 서기 위해 완수해야 할 업무들을 찾아내는 사람이기도 하다. 억만장자 투자자인 워런 버핏의 말을 빌리자면 이렇다.

"나는 2미터 높이의 장애물을 뛰어넘으려 애쓰지 않는다. 내가 넘을 수 있는 30센티미터의 장애물을 찾을 뿐이다."

큰 꿈을 품되……

"우리 모두는 인생의 비전을 필요로 한다…… (중략)……
성공은 여러분이 꿈을 포기하고 차선책을 모색하려 할 때 찾아온다."

오프라 윈프리, <오, 더 오프라 매거진(2001)>

모든 기업가들의 모험은 꿈에서 시작된다. 즉, 사업을 일으키는 데에 자신의 재능을 활용할 수 있을 것이라는 기대에서 출발한다는 의미다. 성공을 위해 기업가는 다양한 모습을 갖춰야만 한다. 몇 가지 필수적인 자질만 꼽아 보더라도, 기업가는 실용적이고, 자발적으로 행동하고, 전략적이고, 분별 있어야 하며, 야심가에다 현실적이어야 한다. 기업가는 망상에 빠져 있거나 어리석고 어설픈 환상을 품은 사람이어서는 안 된다. 그러기 위해서는 몽상가가 되기를 거부하면서도 처음에 품었던 꿈을 포기하지 않는 것이 비결이다. 물론, 기업가는 달성할 수 없는 꿈을 이루기 위해 기업을 희생해서는 안 되지만 그렇다고 해서 실패의 공포에 발목 잡혀서도 안 된다.

현존하는 거물급 기업가들 가운데서 독보적인 몽상가가 있다면 바로 엘론 머스크다. 어쨌든 그저 머릿속으로 뜬구름 잡는 데에서 그치지 않고 저 멀리 우주 공간까지 나아간 남자가 아니던가. 그는 대부분 사람에게는 완전히 비현실적으로 보일 수도 있는 아이디어를 현실로 바꿔 놓기 위해 실질적으로 열의를 가지고 접근하는 모습을 보여 준다. 빌 게이츠는 머스크에 대해 이렇게 말하기도 했다.

"미래에 대한 비전을 가진 사람들은 언제나 넘쳐난다. 엘론이 특별한 존재인 이유는 자신의 꿈을 실현할 수 있는 능력을 가졌기 때문이다."

머스크가 고백하길, 그가 세웠던 모든 계획들이 구상했던 대로 잘 흘러가지는 않았지만 상당수의 계획이 실현됐다고 했다. 예컨대 그의 커리어는 외견상 터무니없는 꿈과 노련한 기업가정신이 어떻게 공존할 수 있는지를 보여 주는 실례라 할 수 있다. 훨씬 '현실적인' 영역에서 활동하는 기업가들(그래, 솔직해지자. '대부분의 기업가들'이 그렇다고!)에게 머스크는 여전히 소중한 교훈을 안겨 준다. 우리는 가끔 정치를 '가능성의 기술'이라고 부르지만, 기업가정신에 있어서도 마찬가지다. 어떤 면에서는 불가능하거나 너무 앞서가는 것처럼 보일 수 있는 꿈이라 할지라도, 진짜로 야망 넘치는 기업가라면 그 꿈이 결실을 맺을 수 있을지 먼저 조사해 보지도 않은 채 포기하지 않도록 조심해야 한다. 머스크는 2012년 에스콰이어지(誌)와 의 인터뷰에서 이렇게 말했다.

“뭔가 가능한 부분을 만들어 내는 것이 첫 걸음입니다. 그러고 나면 가능성이 생겨나게 됩니다.”

머스크는 아주 어렸을 적부터 스스로 꿈을 키워 왔다. 그는 1990년대 중반 박사 학위를 따기 위해 공부를 하던 중 인터넷이 세상을 만들어 갈 것임을 깨닫고 자신도 그 일원이 되는 꿈을 꾸었다. 하지만, 그러기에는 감수해야 할 대가가 너무 컸다. 인생에서 상당한 수준의 성공과 안정을 보장해 주는 길을 계속 고수할 수도 있었기 때문이다.

“1995년도 여름이었어요.”

그는 2014년 중국의 한 경제프로그램인 ‘누구의 시대인가’에서 이렇게 말했다.

“인터넷이 인류에 어마어마한 영향을 미칠 것처럼 보였지요. 전 이렇게 생각했어요. ‘그래, 난 전기차 기술을 연구하고 스탠퍼드에서 박사 학위를 마치면서 인터넷이 만들어지는 걸 지켜볼 수 있을 거야. 아니면 내 공부는 잠깐 미뤄 두고 인터넷의 일부가 되어 볼 수도 있겠지.’”

우리 모두가 알고 있듯 머스크는 후자를 선택했다. 우선 그는 페이팔(paypal)을 창업했고 2002년 15억 달러에 가까운 돈을 받고 매각했다. 그다음으로는 전기자동차뿐 아니라 재생에너지에 특화된 미래지향적인 자동차 제조업체인 테슬라 모터스(Tesla Motors)의 최고위 인물이 됐다. 하지만 계획을 가진 몽상가인 머스크를 가장 집약적으로 보여 주는 것은 아마도 우주수송기업인 스페이스X에서 그가 맡은 역할일 것이다. 이 회사의 창업자이자 선도자로서 머스크는 예전에는 상상조차 할 수 없었던 은하계 탐험을 이뤄 낼 실질적인 해결책을 찾기 위해 없어서는 안 될 존재다. 예컨대 최종적으로 화성을 식민지로 만들겠다는 목표를 가지고 우주수송의 비용을 절감한다는 계획을 공표한 기업이 등장한 것이다. 2015년 머스크는 국제 우주정거장 연구 및 개발 콘퍼런스(International Space Station Research & Development Conference)에서 이렇게 말했다.

"스페이스X와 다른 기업들이 지구 궤도까지 수송하는 비용을 줄일 수 있다면, 그 정거장에는 기업가들이 활동할 수 있는 수많은 가능성이 존재할 겁니다."

판타지를 냉철한 기업가주의로 바꿔 놓은 것은 다름 아닌 과학이었다.

실제로 성공한 기업가 중에 아무나 붙잡고 성공의 비결을 물어보자. 자기 꿈에 제한을 둠으로써 성공할 수 있었다고 말하는 사람을 찾기는 쉽지 않을 것이다(자기 꿈이 실현가능성이 있음을 확신하기 위해 끊임없이 확인하고 현실과 꿈 사이에서 균형을 잃지 않는 기업가들 역시 마찬가지다). 예를 들어, 이 장(章)의 도입부에서 인용했던 오프라 윈프리는 언제나 큰 꿈을 좇으라고 응원한다.

"통 작게 노는 건 저랑 맞지 않아요."

그녀는 2011년 포춘지와의 인터뷰에서 이렇게 말했다.

"사실 제게는 수백만 명의 사람이 필요해요. 저는 '아, 내가 단 한 사람의 인생만 바꿔 놓을 수 있다면……'이라고 말하는 그런 사람이 아니에요. 아니요, 고작 몇 명으로는 제 성에 차지 않아요. 전 수백만 명의 사람들을 바꿔 놓고 싶어요."

이렇게 오프라는 수백만 명을 감동시켰지만, 애초에 그녀의 야망은 살아 숨 쉴 수 있을 만큼 충분히 컸기 때문에 그러한 야망을 동력 삼아 움직일 수 있었던 것이었다.

한편, 구글(Google)은 우리의 일상에서 없어서는 안 될 중요한 요소가 됐다. 구글이 생겨나기 전의 삶이 어땠는지를 상상하기란 점점 더 어려워지고 있다. 그러나 세르게이 브린과 래리 페이지가 창업을 할 때만 해도 구글과 같이 전 세계적인 접근성을 지닌 검색엔진을 구현한다는 생각은, 머스크가 사람들에게 화성에 대한 포부를 심어 주는 것만큼이나 엉뚱해 보였다. 래리 페이지는 2009년 미시간대학교의 졸업식 축사에서 이렇게 회상했다.

꿈을 좇는 일에 대해 드릴 말씀이 있습니다. (중략) 그런 꿈들을 현실로 만들 수 있는 방법을 찾는 이야기예요. (중략) 음, 전 스물세 살에 그런 식의 꿈을 꿨었죠. 문득 정신을 차리고 이렇게 생각을 했던 거예요. '우리가 웹 전체를 다운로드 받을 수 있고 접속을 유지할 수 있다면……' (중략) 저는 펜을 집어 들고 글을 쓰기 시작했답니다! (중략) 놀랍게도 저는 검색엔진을 만들어야겠다는 생각을 해 본 적은 없어요. (중략) 정말로 멋진 꿈이 나타난다면, 그걸 꽉 붙드세요!

현대 상거래의 거장들로부터 이런 조언을 듣는다는 것은 겁이 날 수도 있다. 자기네 꿈은 수십억 달러짜리 기업으로 실현된 마당에 '여러분의 꿈을 꽉 붙드세요'라고 말하다니, '당신들에게야 쉽겠지'라는 생각이 들 수도 있다. 하지만 이 세상에는 윈프리와 머스크, 페이지 같은 기업가들이 존재하는 만큼이나, 대담한 꿈을 꾸고 그 꿈을 현실로 이뤄 나가는 길을 걸으면서도 그다지 두드러지지 않는 기업가들이 수도 없이 많다. 꿈의 규모란 어쨌거나 양적인 문제라기보다는 질적인 문제다. 머스크가 꾸는 큰 꿈은 우주정복이다. 그에게는 딱 들어맞는 규모다. 다른 누군가의 큰 꿈은 작은 가게를 가지거나 침대 맡에서 일할 수 있는 온라인 비즈니스를 꾸려 나가는 것일 수도 있다. 핵심은, 기업가 개개인에게는 자신의 개인적인 꿈을 가능한 한 크게 키워 나가야 할 의무가 있다는 것이다.

늘 논란의 한가운데에 있지만 명언 제조기이기도 한 셀프헬프의 달인 나폴레온 힐이 한 이야기는 배리 파버가 쓴 《다이아몬드 파워(Diamond Power)》에서 다음과 같이 인용됐다.

"여러분의 비전과 꿈을 소중히 여기세요. 꿈은 영혼이 낳은 아이이자, 최종적인 업적을 보여 주는 청사진이니까요."

포부를 현실로 바꿔 놓는 것에 대한 그의 또 다른 의견과 함께 이러한 은유를 생각해 본다면 더욱더 강렬하게 느껴질 것이다.

"목표란 데드라인이 정해진 꿈입니다."

……시작은 미약하게

"여러분의 야망이 아무리 크다 하더라도 천천히·작게 시작해서
서서히·스마트하게 키워 나가도록 하자."

개리 베이너척, 《크러쉬 잇! SNS로 열정을 돈으로 바꿔라》 중에서

기업가가 성공하기 위한 전제조건이 야망이라 하더라도, 그 어떤 사업도 완전히 완성된 모습의 성공으로 이 세상에 나타나지 않는다는 점을 명심하는 것이 좋겠다. 모든 사업은 누군가의 마음속에 품은 아이디어라는 씨앗에서 시작된다. 다시 말해, 모두가 소소하게 시작한다는 것이다. 고대 중국의 위대한 전략가이자 철학자인 노자가 《도덕경》에서 말했듯 '천 리 길도 한 걸음부터'다.

각 기업이 전진하는 속도는 모두 다르다. 여러분의 사업이 작게 시작해 유기적으로 자라나도록 내버려 둔다고 해서 야망이 없다는 의미는 아니다. 어쩌면 결정적인 기회는 한 달 후, 여섯 달 후, 6년

후에 찾아올 수도 있다. 여러분의 사업이 올바른 방향으로 발전하고 있으며 괜찮은 성과를 올리고 있다면, 준비가 되기도 전에 돌진해 나가고 싶은 유혹에 넘어가지 말도록 하자. 걸을 수 있기 전에는 뛰지 않는 게 언제나 나은 법이다. 여러분의 사업을 추진해 나갈 수 있는 기회가 생긴다면 어떻게 해서든 무조건 붙잡아야 하지만(88페이지를 참조할 것), 기회가 아직 무르익지 않았을 때는 무리하지 않도록 조심하자.

로버트 루이스 스티븐슨의 입에서 흘러나온 것이 아닌가 추측되는 옛말도 하나 있다.

"여러분이 거둔 수확이 아닌, 여러분이 심은 씨앗으로 매일을 판단하라."

이 말은 긴 여정의 첫 단계에 있는 기업가에게 훌륭한 조언이다. 물론, 될 수 있는 한 빠른 시일 내에 주문서는 두둑해지고 통장 잔고가 넘쳐 난다면야 아주 좋겠지. 하지만 설사 여러분의 사업이 단기간에 잘나가게 되지 않더라도 (여러분을 끔찍한 적자의 길로 몰아가지 않는 한) 이 씨앗은 사방으로 뿌리를 내리다가 결국에는 성공의 꽃을 피우게 될 터다. 여러분은 시장이 원하는 상품이나 서비스를 제공하고 있는가? 여러분과 소비자 모두가 합리적이라고 보는 가격에 제공하고 있는가? 적어도 여러분에게 다시 돈을 쓸 만한 고객층을 확보할 준비가 됐는가? 여러분의 브랜드는 널리 뻗어 나가 이름을 알리고 있는가? 이러한 사실들은 여러분이 성공적으로 그 씨앗을 심고 있다는 신호이니, 너무 서둘러 앞서 나가지 말자.

페이스북 사례를 떠올려 보자. 여기, 뜬금없이 등장해서 눈 깜짝할 사이에 세계를 재패해 버린 완전히 새로운 기업이 하나 있다. 2004년 당시 스무 살의 하버드 대학생이었던 마크 주커버그는 기숙사 방에서 thefacebook.com을 처음 만들었다. 전교생의 절반 정도를 가입시킨 후 그는 그 범위를 더 넓혀야겠다고 생각했고, 이후 몇 달에 거쳐 전 세계 다른 대학들에까지 손을 뻗었다. 주커버그는 조심스레 한 번에 한 걸음씩만 내디뎠고, 자신이 노리는 시장이 존재하고 있으며 웹사이트가 그 시장의 요구에 잘 맞춰 주고 있음을 확인해 나갔다.

열 달 안에 페이스북은 백만 명의 사용자를 확보했고, 2년 안에 그 숫자는 5천만 명까지 늘어났으며 2012년에는 10억 명을 향해 달려가게 됐다. 오늘날 페이스북은 약 25억 명의 사용자를 거느리고 있다. 페이스북은 기하급수적으로 확장해 나가고 있는 거대 기업이지만, 주커버그는 현명하게도 회사가 자기만의 속도로 성장해 나가도록 내버려 뒀다. 그에게는 작게 시작해 거기서부터 회사를 발전시켜 나갈 만큼 인내심이 있었다. 2012년 액셀러레이터인 와이 콤비네이터(Y Combinator)가 주최한 스타트업 스쿨에서 주커버그는 이렇게 말했다.

“우리가 백만 명의 사용자를 확보하는 데에 1년이 걸렸습니다. 정말 믿기 어려울 정도의 속도였죠. 지금 생각해도 그렇습니다. 하지만 오늘날 여러 다양한 기업들이 성장하는 속도만큼 빠르지는 않아요. 그리고 사실 저는 우리가 무르익을 수 있기까지 가졌던 시간이 정말로 소중했다고 생각합니다."

자, 그러니까 모든 기업가들이 페이스북 수준으로 상업적 성공을 달성하는 것도 아니고, 심지어 꼭 그렇게 되길 바랄 필요도 없다. 대부분의 기업은 더 작은 규모로 더 느린 과정을 거쳐 성장하지만, 거대기업들조차 걸음마 단계를 거치게 마련이라는 점은 우리에게 교훈을 안겨 준다.

구글 역시 비슷한 패턴을 따라 성장했다. 창업자 래리 페이지와 세르게이 브린은 차고에서 회사를 탄생시켰다. 그토록 보잘것없이 시작했지만 급기야는 페이스북을 능가하는 시가총액을 지닌 기업으로 키워 냈다. 불알친구 벤 코헨과 제리 그린필드의 사례도 생각해 보자. 1977년 이들은 아이스크림 만드는 법을 배우는 통신강좌를 들었다. 이듬해 버몬트주(州) 벌링턴의 옛 주유소 자리에 벤앤제리스라는 아이스크림 가게를 열었다. 1981년까지 버티고 나자 첫 프랜차이즈 분점을 열 수 있게 됐고, 2000년 무렵 이 회사는 윤리적 거래로 명성 높은 글로벌 브랜드로 거듭나게 됐다. 그 후 창업자들은 3억 달러 이상의 돈을 받고 벤앤제리스를 세계적인 대기업인 유니레버에 팔았다. 이보다 더 옛날로 거슬러 올라가자면, 남북전쟁에 참전했던 군인인 존 펨버턴은 조지아주(州)의 어느 약국에 설치한 소다수 장치 한 대로 시작해 세계적인 코카콜라 제국을 건설했다. 그는 약국에서 신경안정제로 쓰기 위해 '프렌치 와인 코카(French Wine Coca)'를 개발해 낸 것이다.

이 경영자들은 모두 셀프헬프 전문작가 나폴레온 힐이 1928년에 쓴 《성공의 법칙》에 나오는, 새로운 사업을 위한 전략을 충실히 뒤따르고 있다. 즉, "훌륭한 일을 할 수 없다면 훌륭한 방식으로 사소한 일을 해내라."는 것이다. 이들은 자신의 기업이 아직 거대한 영리기업이 되기 전에 미숙하거나 설익었던 당시, 회사를 키워 나가는 과정에서 특히나 자기들이 할 수 있는 일들이 제대로 되어 가고 있는지를 확인했다. 그리하여 성장하고 발전할 수 있는 기회가 다가왔을 때 그 기회를 누릴 수 있는 준비를 갖췄다.

기업가가 된다는 것은 육아와 비슷한 부분이 있다. 우리는 아이가 쑥쑥 크고 건강하게 자라기를, 자신의 두 발로 설 수 있기를, 그리고 독립적이면서 튼튼한 사람이 되기를 바란다. 하지만 육아는 길게 봐야 하는 게임이다. 자기 아이가 분만실에서 나와 집으로 돌아오자마자 이 세상과 맞붙을 준비가 되어 있길 기대하는 부모는 아무도 없다. 장기적인 관점을 지닌 기업가 역시 자기 사업이 처음 가게 문을 열자마자 미친 듯이 달려 나가길 기대해서는 안 된다. 마크 트웨인은 이렇게 말했다고 전해진다.

"출세의 비결은 일단 일을 시작하는 것에 있다. 일을 시작하는 비결은 여러분에게 주어진 복잡하고 어마어마한 업무를 감당할 수 있을 만큼 자잘한 업무로 나눈 다음에 첫 번째 업무부터 시작하는 것에 있다."

또한 T. E. 로렌스는 영화 '아라비아의 로렌스'에서 이렇게 말했다지.

"위대한 일들도 미약하게 시작하기 마련이다."

계획을 세워라

"전투를 준비하는 과정에서 나는, 언제나 계획들은 쓸모없지만
계획을 세우는 일은 꼭 필요하다는 걸 깨닫곤 하지."

드와이트 아이젠하워의 말을 리처드 닉슨이 인용(1962)

사람들이 보통 에이브러햄 링컨의 일화라고 알고 있는 어느 나무꾼에 관한 이야기가 있다(하지만 사실은 C. R. 재커드가 1956년에 쓴 '공보교육의 목표와 철학'이라는 논문에 처음 등장한 이야기다). 이 나무꾼이 한번은 이런 질문을 받았다고 한다.

"나무를 찍어 넘겨야 하는데 딱 5분만 있다면 어떻게 하겠습니까?"

잠시 그 질문에 대해 곰곰이 생각한 후에 그는 이렇게 대답했다.

"처음 2분 30초 동안 내 도끼날을 갈겠소."

이 이야기의 교훈은 이러하다. 준비는 성공의 필수요소라는 것이다.

누가 봐도 분명히 진리인 이 말을 굳이 증명하고 싶다면, '어프렌티스'나 그와 비슷한 TV 프로그램에 나오는 아무 에피소드만 봐도 된다. 가장 똑똑한 기업가적 사고방식을 가진 사람조차도 가끔은 계획 수립의 중요성을 완전히 잊을 수 있음을 깨닫게 될 테니까. 그리고 계획을 세우지 않았을 때 그 결과가 잘 나오는 경우는 매우 드물다.

재계에 새로 등장한 기업가들은 자신들의 사업적 포부에 관해 당연히 필요한 조사도 행하지 않는 실수를 너무나 자주 범한다. 아이디어가 번뜩 떠오르면 뒤따르는 흥분에 휩싸여서 언젠가 사업 계획을 세울 날이 오겠거니 하며 계속 미뤄 두기 십상이지만…… 그런 시기는 결코 오지 않는다. 여러 선행조건들과 상당한 자본투자가 걸린 사업이 눈 깜짝할 사이에 탄생해도, 여전히 아무도 차분히 빈 종이를 앞에 두고 앉아서 1)이 사업이 현실적으로 성공할 가능성이 있는지, 그리고 2)이 사업이 한 달, 1년, 또는 5년 후에 어떤 모습일지에 대해 생각해 보지 않는 것이다. 하지만 새로운 사업을 시작한다는 흥분과 소란 속에서도 잠시 시간을 내어 그 사업에 대해 철저히 고심해 볼 가치는 분명 있다. 1991년 워런 버핏이 말했듯 '오늘날 우리가 나무그늘에 앉아 있을 수 있는 것은, 아주 오래전 누군가가 나무를 심었기 때문'이니까(이 말은 앤드류 킬 패트릭의 2007년 작 《워런 버핏 평전》에 인용됐다).

그렇다면 사업 계획을 세우는 목적은 무엇인가? 다음은 사업 계획을 세웠을 때 얻을 수 있는 이점 몇 가지다.

- 이 사업 아이디어의 견고함을 시험해 볼 수 있다.
- 이 사업의 비전이 무엇인지, 그 비전은 무엇을 위한 것인지 명확히 규정할 수 있다.
- 회사의 강점과 약점을 알 수 있다.
- 사업을 운영하면서 따르게 될 가치를 확립할 수 있다.
- 예상되는 비용과 매출, 이익을 현실적으로 평가할 수 있다.
- 목표와 목표물을 설정할 수 있다.
- 시장과 경쟁자에 대한 분석을 제공해 준다.
- 여러분의 고객이 누구이며 어떻게 응대할 것인지에 초점을 맞출 수 있다.
- 마케팅 전략을 인도해 준다.
- 채용 과정을 계발할 수 있다.

일단 탄탄한 계획을 세우고 나면, 이 계획을 다른 이들과 공유할 수도 있다. 실행 가능한 사업 계획은 은행 융자를 받기 위한 전제조건이다. 책임감 있는 투자자라면 누구나 사업 계획을 내놓으라고 요구할 것이다. 여러분이 돈을 어떻게 쓸 작정인지에 대해 제대로 알지도 못하면서 그 많은 돈을 신나게 투척하는 사람이 있다면, 분명 그런 사람을 회사의 이사로 앉히고 싶지는 않을 것이다. 설사 친구나 사랑하는 이들로부터 자금을 지원받는다 해도, 여러분이 이 사업에 대해 품고 있는 어마어마한 야망에 대해 모두가 확실히 알고 있어야만 공평할 것이다(또한 향후에 비난받게 되는 일을 피할 수 있는 방법이기도 하다). 이렇게 했을 때 상황이 꼬이더라도 무엇이 잘못됐고, 어느 부분을 고칠 수 있으며, 결국에 어떤 계획이 실행 불가능한지 알아내기가 더 쉽다.

모든 사람이 처음부터 계획에 동참한다면, 그 계획을 대략적으로 따랐을 경우에 발생할 수 있는 실패에 대한 비난을 어느 한 사람만 짊어져야 할 가능성이 크게 줄어들게 된다. 좀 더 긍정적인 방향에서 이야기하자면, 성공을 거두게 됐을 때 모두가 대대적인 지지를 받게 된다. 또한 여러분은 확고한 사업 계획을 통해 신입사원들에게 회사의 문화와 기대를 소개함으로써 회사에 빠르게 적응할 수 있도록 도울 수도 있다(다만, 보통은 상세한 재무현황은 혼자만 간직하는 것이 바람직하다).

그러나 여러분의 계획이 사업의 로드맵으로 쓰인다고 하더라도 그 계획이 변화하는 환경과 예측하지 못했던 도전에 대응할 수 있을 만큼 유연해야 한다는 점을 반드시 명심하도록 하자. 재무예측에 참여한 모든 사람은 그 숫자들이 희망 섞인 추측과 가끔은 얼토당토않은 짐작을 바탕으로 나왔다는 것을 너무나 잘 알고 있다. 그럼에도 그 예측 보고서를 상사에게 제출하는 일은 비일비재하다. 사실은 그 누구도, 적어도 경제적 측면에서는, 5년 안에 어떤 일이 벌어질지 알 수 없다. 미국의 경제학자이자 스탠퍼드대학교 교수인 에즈라 솔로몬은 말했다.

"경제예측의 유일한 기능은 상대적으로 점성술이 믿을 만해 보이도록 하는 일이다."

마찬가지로 워런 버핏도 대부분의 경제예측이 실제 상황보다는, 그 예측한 사람의 생각이 더 많이 반영된다고 보았다.

"저는 경제예측을 읽지 않아요."

그는 1999년 비즈니스위크와의 인터뷰에서 이렇게 말했다.

"전 신문에서 만화가 실린 쪽은 읽지 않거든요."

아마존의 창업자 제프 베조스 역시 사업 계획에 지나치게 의존하지 않도록 조심하라고 경고하는 사람들 가운데 하나다. 포브스지는 다음과 같이 그의 말을 인용하기도 했다.

"그 어떤 사업 계획도 처음으로 현실과 부딪혔을 때 살아남지 못한다. 현실은 언제나 다르다. 절대로 계획처럼 되지 않을 것이다."

하지만 베조스는 사업 계획을 세우는 것이 시간낭비라고는 하지 않았다. 아마존의 성공은 창업자가 마음속에 회사의 미래에 대한 중요한 비전을 품지도 않은 채 급히 결정한 결과가 아니다. 대신에 베조스는 지적했다. 새로운 정보를 얻고, 예상치 못한 상황을 맞닥뜨렸을 때조차 융통성 없이 최초의 계획을 고수하는 것은 계획이 아예 없었던 것만큼이나 해롭다고(융통성이 주는 이득에 관해서 좀 더 알고 싶다면 다음 장을 참조하자). 그는 2015년 포린 어페어스지에 이렇게 설명했다.

책상 앞에 앉아 사업 계획에 대해 쓰고선 수십억 달러 매출을 올리는 회사를 만들겠다고 확언할 수는 없는 법이에요. 그런 건 비현실적이지요. 훌륭한 기업가는 매우 합당한 규모로 실행할 수 있는 사업 아이디어를 떠올리고, 그 후에 무슨 일이 벌어지는지에 따라 그 아이디어를 바탕으로 조정해 가며 사업을 추진해 나가지요.

기업가는 자신의 사업 계획을 미래가 어떻게 풀려 나갈 것인지에 대한, 절대 깨뜨릴 수 없는 선언으로 간주해서는 안 된다. 대신 사업 계획은 미래에 어떤 일이 벌어지든 자기 자신과 회사가 준비할 수 있는 방식으로 쓰여야 한다. 또한 우리가 얻을 수 있는 가장 확실한 증거를 바탕으로 하면서도, 아무리 해도 모든 상황을 고려할 수는 없다는 점이 반영되어야 한다. 그 어떤 사업 계획도 성공으로 향한 거침없는 질주를 보장해 주지 않는다. 다만 제 발에 걸려 넘어지지 않도록 막아 줄 뿐이다. H. K. 윌리엄스 목사는 1919년판 《성서적 세계(The Biblical World)》에서 다음과 같이 유명한 말을 남겼다.

"기억하라, 준비하는 것에 실패한다면, 실패할 준비를 하는 셈이다."

짧지만 즐겁게

에어비앤비의 창업자 브라이언 체스키는 사업 계획을 단순하게 유지해야 한다고 목소리 높여 주장하는 사람이다. 2014년 패스트 컴퍼니와의 인터뷰에서 그는 에어비앤비의 당해 연도 사업전략 전체를 단 한 장의 종이 위에 대강 써 놨다고 털어놨다. 그러면서도 그 문서를 '세상을 정복할 그 악명 높은 종이!'라고 불렀다.
"계획이 너무 많으면 집중력을 유지하기가 너무 어려워요. 종이 한 장에 계획이 다 들어가지 않는다면 아직 제대로 단순하게 만들지 못한 거예요."

새로운 환경에 적응하라

"이 세상에는 영원한 게 딱 하나 있습니다. 바로 변화입니다."

헨리 포드, 아메리칸 매거진에 실린 브루스 바튼과의 인터뷰
'완전히 다시 시작할 수 있다면 재미있겠지요' 중에서

성공적인 기업가정신을 갖추기 위해서 계획을 세우는 것이 도움은 되지만, 적응력 역시 본질적인 특성이다. 우리가 사업 계획을 얼마나 세심히 세워서 실행에 옮기는지와는 상관없이, 상거래는 우리가 언제나 통제할 수 없는 여러 상황에 휘둘릴 수밖에 없다는 특징을 가지고 있다. 여러분이 세계에서 가장 고급스러운 스키 별장을 운영한다 하더라도, 스키 시즌에 맞춰 눈이 몽땅 녹아 버린다면, 스키장을 가지고 있어 봐야 아무 소용이 없을 것이다. 아니면 여러분이 시내에서 가장 잘나가는 작은 커피숍을 가지고 있다 가정하자. 그해 커피 농사가 망해서 여러분이 필요한 만큼 커피콩을

확보하지 못하게 될지, 아니면 최고참 바리스타가 불교 수도승이 되어 수행하러 가겠다고 일을 때려치울지 그 누가 알랴?

바로 이 시점에서 여러분은 자신이 오직 한 가지 재주만 가진 망아지가 아니라 경영의 카멜레온임을 보여 주면서, 환경에 맞춰 변화하고 사업의 구성 요소가 바뀌고 달라지는 것에 따라 적응할 수 있어야 한다. 어쩌면 그 시기에 스키 별장을 호젓한 개인용 스파로 바꿀 수도 있고, 또는 커피숍에 커피 대신 특별한 차 종류를 갖출 수도 있을 것이다. 어떤 아이디어들은 효과를 발휘하고, 또 어떤 아이디어는 중간에 실패할 수도 있다. 하지만 상황이 틀어지기 시작했을 때 그냥 손을 놓고 있는 것은 실패로 향하는 지름길이다. 리처드 브랜슨은 2008년 자기 블로그에 다음과 같이 썼다.

"변화하는 시장의 위기로부터 벗어날 수 있는 가장 확실한 최선의 방법은 실험해 보고 적응하는 것이다."

적응력에 대해 이야기해 보자. 작은 스타트업을 경영하는 기업가들은 더 크고 좀 더 확실히 자리 잡은 경쟁자들에 비해 자신들이 더 유리하다는 것을 깨달을 수 있다. 거대기업들은 흔히 몸집으로 경쟁자를 압도하면서 안정적인 시장을 장악한다. 하지만 상황이 변하면 거대기업들은 스스로를 리포지셔닝 하는 것이 훨씬 더 어렵다는 것을 깨닫는다. 따라서 시장 혼란은, 가능한 한 사업 계획을 고수하고 싶은 작은 규모의 기업가에게는 반갑지 않은 혼란일지라도 사실은 경쟁자들을 어느 정도 따라잡을 수 있는 기회가 될 수 있다. 마크 주커버그 같은 사람도 2012년 비즈니스위크지에서 다음과 같이 공식적으로 천명했다(여기서 다시 한번, 이 사람은 대학 기숙사방에서 페이스북 제국을 세운 사람임을 떠올리자).

"나는 페이스북이 언제나 그 규모가 10분의 1도 안 되는 회사만큼 빠르게 움직였으면 좋겠다."

다시 말해, 변화하는 환경 속에서 신속하게 행동을 취하고 적응하려면, 몸집이 크고 거추장스러운 것보다는 호리호리하고 허기진 상태가 낫다는 것이다. 그보다 1년 전에도 주커버그는 '뭐든지 다 하려고 애쓰는' 그런 회사가 되기보다는 한두 가지에 집중하는 회사가 되는 것의 이점에 대해 토크쇼 진행자 찰리 로즈와 토론해 본 적 있다. 주커버그는 말했다.

"그러니까 우리는 그저 이렇게 믿는 거죠. 독립적인 기업가가 언제나 대기업의 영역에서 승리를 거둘 수 있다고요."

이와 유사하게, 수닐 미탈은 자신이 초창기에 성공을 거둘 수 있었던 것은 덩치가 더 큰 경쟁사보다 더 빠르게 움직일 수 있는 능력 덕이라고 봤다. 그는 2008년 워싱턴 D. C.에서 열린 2008년도 미국-인도 간 기업인 협의체에서 이렇게 말했다.

속도와 완성도 사이에서 갈피를 못 잡고 있다면, 언제나 속도를 선택하세요. 그러면 완성도는 따라오기 마련이니까요. 완벽한 포지셔닝이 가능해질 때까지 기다릴 수는 없습니다. 사업을 하면서는 그럴 시간이 없기 때문이지요. 특히나 작은 사업체를 가지고 계시다면 그럴 수 없을 겁니다. (중략) 그리고 큰 회사들은 늑장을 부렸어요. 그런 회사들은 우리보다 몇 달이나 뒤처져 있었고, 그래서 우리는 우리 힘으로 틈새시장을 찾아낼 수 있었어요. 결국 그렇게 해서 우리는 크게 성장했지요.

그렇다면, 지속적으로 새로운 환경에 적응하는 것에 꼭 맞아떨어지는 계획을 세울 수 있을까? 이 둘은 결코 상호모순적인 관계가 아니다. 사실 기업가는 자신들을 인도해 줄 최우선적인 계획을 가지고 있을 때 신속하고 전략적인 방식으로 대응할 가능성이 훨씬 더 크다. 다른 말로 하면, 잘나갈 수 있는 계획을 가지고 있을 때 계획에서 벗어나 잘나가기도 아주 쉬워진다는 것이다! 다음은 여러분이 어떠한 상황에 직면하든지 간에 여러분의 회사가 유연하고 든든하게 버티기 위해 필요한 몇 가지 가이드라인이다.

- 넓은 시야를 갖추자. 여러분은 그날그날 실질적인 방식으로 회사의 주요 직책으로 활동하는 입장일 수도 있고, 어쩌면 혼자 모든 일을 도맡아 하며 원맨쇼를 하는 입장일 수도 있다. 어떤 경우든 여러분이 회사의 책임자라면 자질구레한 사안들은 잊고 포괄적인 견해를 얻을 수 있는 방법을 찾을 필요가 있다. 필요하다면 도움을 요청하되, 큰 그림을 보고 장기적이고 전략적으로 생각할 수 있는 시간과 여유를 가지도록 하자.

- 침착하자. 회사에 위기가 닥치면 버겁다는 감정에 휩쓸려 버리기 쉽다. 하지만 그 위기에 적절히 반응하고 사업을 꾸려 나가는 방식을 바꾸기 위해서는 냉철한 머리가 필수적이다. 예상 결과에 계속 관심을 기울이도록 하자. 여러분이 아무리 열성적으로 사업 계획을 따른다 하더라도, 그 어떤 대가를 치르고서라도 계획대로 추진해야 한다는 굴레에 갇혀서는 안 된다. 재앙을 방지하기 위해 비전을 유연하게 조율하도록 하자. 그러고 나서 마음을 가다듬고, 경험에서 배우며, 더 훌륭한 기반을 갖추고 사업을 정비하는 시간을 가질 수 있을 것이다.

- 튼튼하고 융통성 있는 문화를 만들어 내자. 여러분은 회사의 분위기를 만들어 내는 역할이므로, 직원들이 필연적으로 맞닥뜨리게 되어 있는 난관에 편안한 마음으로 대처할 수 있도록 애써야 한다. 한편, 잠재적인 위기나 변화하는 환경의 낌새를 가장 먼저 감지해 내는 것은 바로 여러분의 직원이라는 점도 기억하자. 이들은 시장에서 벌어지는 일에 대해 현장에서 몇 걸음 떨어져 있을 상사보다 먼저 감을 잡을 수 있다. 직원들에게 확실히 알려 두어야 할 것이 있다. 여러분이 잠재적인 문제에 대해 듣고 싶어 하며 또한 그 문제에 대처할 방식을 비밀리에 찾아 줄 것이라는 점이다. 마크 주커버그는 2013년 와이 콤비네이터(Y-Combinator) 스타트업 스쿨에서 이

렇게 밝히기도 했다.

"나는 훌륭한 팀에 대해 내 나름대로의 정의를 가지고 있어요. 훌륭한 팀이란 혼자 했을 때보다 팀 전체로 일했을 때 더 나은 의사결정을 내릴 수 있는 한 무리의 사람들입니다."

• 눈과 귀를 활짝 열고 있자. 잘못된 상황에 대한 대비를 시작하기에 가장 좋은 시기는 모든 상황이 잘 풀리고 있을 때다. 좋은 시절에는 현실에 안주하지 말고 전체 시장을 둘러보도록 하자. 경쟁자들이 어떻게 하고 있는지, 그리고 전 세계적으로 무슨 일이 벌어지고 있는지 바라보자. 상황이 변화하고 있다는 아주 미묘한 단서에도 정신을 바짝 차리자. 눈이 오지 않거나 커피 농사를 이미 망쳐 버렸을 때까지 기다리지 말자. 일기예보에 계속 귀를 기울이고, 최악의 상황이 벌어질 때 여러분이 취할 수 있는 계획을 준비하자.

• 언제나 배울 준비가 되어 있어야 한다. 환경에 가장 잘 적응할 수 있는 사람은 가장 유연한 뇌를 가진 사람이다. 여러분 스스로가 모든 것을 안다고 생각하는 순간, 예기치 못한 일이 벌어졌을 때 허우적거리게 된다. 항상 다른 사람들로부터 배우는 자세를 갖추자. 경험 넘치는 노련한 멘토이든, 고객이든, 직장에 새로 나타난 신입사원이든 상관없다. 훌륭한 아이디어는 어디에서든 나올 수 있고, 그 덕에 여러분이 곤경에서

빠져나올 수 있을지도 모른다.

- 능력자들로부터 배우자. 상황이 순조롭게 흘러갈 때 여러분은 자신이 경쟁에서 이기는 법을 알아냈다고 생각하며 느긋해지기 쉽다. 하지만 가장 성공적인 기업가들은 이기는 공식을 고수하기보다는 상황을 변화시키고 다시금 다른 모습을 보여 주는 인물이다. 종종 미국이 낳은 가장 위대한 발명가로 손꼽히는 토머스 에디슨의 예를 살펴보자. 에디슨 역시 다양한 영역에서 창업을 한 사업천재였다. 융통성은 에디슨의 좌우명 가운데 하나였고, 그는 자신이 언제나 경쟁자들보다 늘 한 발짝 앞서 나가고 있음을 확인하기 위해 연구 개발에 아낌없이 투자했다. 1903년 신입사원 한 명이 에디슨의 회사에 합류하면서 자신이 따라야 할 연구소의 규칙 같은 것이 있느냐고 물었다.
  "미친 거 아냐?"
  에디슨이 쏘아붙였다.
  "여기엔 규칙 따윈 없어! 우린 뭔가를 완성해 내려고 노력할 뿐이야!"

- 융통성은 공황상태와는 다르다. 적응에서는 강해지는 것이 관건이므로, 여러분의 회사가 산들바람에 휘청이는 갈대가 되지 않도록 하자. 필수적인 변화에는 무엇이 있으며 어떤 변

화가 예상치 못한 상황에서 나온 반사적인 반응에서 나온 것인지 고민해 보자. 제프 베조스는 2002년 뉴욕타임스와의 인터뷰에서 이렇게 말했다.

"회사들은 외부상황이 급격히 변했을 때 자신감을 잃고 최신 유행을 따르는 실수를 저지르곤 합니다."

사업에 있어서 지속성과 신뢰성은 정말로 중요하지만, 그렇다고 대처하고 적응할 수 있는 능력을 희생하면서 얻을 수는 없는 법이다. 결국 적응력은 이 세상에서 인류가 성공하는 데에 보증수표다. 1963년 '미국의 기업이 유럽에게서 배워야 할 교훈'이라는 글을 쓴 루이지애나 주립대학교의 경영사회학자 레온 C. 메긴슨의 말을 떠올려 보자(메긴슨의 글은 사우스 웨스턴 소셜 사이언스 쿼털리 Southwestern Social Sciance Quarterly에 실렸다). 메긴슨은 위대한 박물학자이자 자연선택설의 창시자인 찰스 다윈의 가르침을 경영 마인드를 지닌 독자들을 위해 다음과 같이 요약했다.

"가장 강하거나 가장 똑똑한 종들이 살아남는 것이 아니다. 변화에 가장 잘 적응하는 종이 살아남는다."

듀폰이 가는 길

미국의 대기업인 듀폰(DuPont)은 적응력을 가졌을 때의 장점에 대해 깔끔하게 보여 주는 사례라 할 수 있다. 듀폰은 1802년 미국 델라웨어주에서 폭약 제조업체로 출발해서 미 남북전쟁 당시 북군이 보유한 화약의 약 60퍼센트를 공급했다. 하지만 평화로운 시기가 찾아오자 회사는 전문기술을 기반으로 변화한 환경에 적응하고 새로운 분야에 진출했다. 예를 들어 합성고무, (폴리에스터, 나일론, 테프론 등의) 폴리머 섬유, 농산물, 의료기기 및 전자기기 등을 생산하며 시장을 주도하는 기업이 됐다. 그 후 2017년에는 계속적으로 변화하는 전 세계 화학제품 시장의 새로운 위기에 잘 대처하기 위해 다우 케미컬과 천억 달러 이상의 규모로 합병했다.

위기를
기회로

"스스로가 좌절을 겪으면서 더 현명하고 강한 사람으로 거듭났음을
깨달았다면, 그것은 그 이후로 쭉 여러분의 생존 능력을
믿어도 된다는 의미입니다. (중략) 그러한 깨달음은 고통스럽게 얻어진 만큼
스스로에게 진정한 선물이 됩니다."

J. K. 롤링, 하버드대학교 졸업축사 중에서(2008년)

회복력이란 모든 기업가들이 커리어상에서 어떤 위치에 있건 간에 꼭 갖춰야만 하는 자격요건이다. 그중에서도 회사가 자리 잡아 가는 초기 단계에는 회복력이 상당히 많이 필요할 것임을 확신해도 좋다. 그렇게 해서 성공적으로 문제를 극복하고, 또 불가피하게 직면하는 난관을 뛰어넘을 수 있다면 더 강하고 현명한 사람으로 거듭나는 보상을 얻을 수 있다. 커스터 장군은 다음과 같이 단언했다고도 전해진다.

"문제는 몇 번 나가떨어졌는지가 아니다. 몇 번이나 다시 일어

났는가다."

군인이나 운동선수뿐 아니라 사업을 하는 사람들에게도 상당히 유효한 격언이다.

헨리 포드의 사례를 살펴보자. 미국의 자동차 제조 산업이 2008년 글로벌 금융 위기 이후 심각한 위기상황으로 치닫게 되면서, 많은 평론가들은 포드라면 이를 어떻게 헤쳐 나갔을까 궁금해 했다. 어쨌거나 20세기로 접어들어 자동차 산업을 바꾸어 놓은 것은 포드였으니까. 포드가 등장하기 전까지 자동차 운전은 가장 엘리트적인 취미였지만, 그가 대량생산 라인을 완성해 낸 덕분에 자동차는 대중을 위한 물건이 됐다. 포드자동차의 모델 T는 1천 5백만 대 이상 팔리면서 포드에게 엄청난 부를 안겨 주었고 운송 역사의 국면을 바꿔 놓았다. 그러나 포드는 자기 이름을 딴 회사를 설립하기 겨우 2년 전에 예전 자동차회사인 디트로이트 오토모빌 컴퍼니의 파산을 선고했었다. 그가 제대로 된 디자인과 생산 과정을 만들어 내기 위해 고군분투했음에도, 디트로이트 오토모빌 컴퍼니가 2년 동안 생산해 낸 차는 겨우 스물 몇 대였을 뿐이었다. 투지가 부족한 다른 사람들 같으면 그 단계에서 포기해 버렸겠지만, 포드는 달랐다. 그는 이 불운한 모험에서 얻은 교훈을 충분히 이해했고, 곧 시장을 지배하기에 적합한 새롭고 더 세련된 회사를 세웠다. 10년도 채 지나지 않아 포드는 어마어마한 부자가 됐을 뿐 아니라, 오래도록 기억될 산업계의 거물로 남게 됐다.

최근 들어, 훅 들어오는 공격을 적당히 피해 가며 시련으로부터 배우고 이를 성장과 발전의 자연스러운 일부로 받아들일 수 있는 능력을 '성장형 마인드셋(Growth Mindset)'이라고 부른다. 캐롤 드웩은 2006년 《성공의 새로운 심리학》을 통해 이 개념을 대중화했다.

성장형 마인드셋을 가진 사람들은 자신의 가장 기본적인 능력들이 부단한 노력과 헌신을 통해 개발될 수 있다고 믿는다. 지능과 재능은 그저 출발점일 뿐이다. 이러한 관점은 위대한 성취를 위해 가장 중요한, 학습과 회복력에 대한 애정을 불러일으킨다.

드웩은 부단한 노력과 끈기를 가질 때 더 많은 것을 더 신속히 배우는 것이 가능하다고 주장했다. 특히나 도전과 실패가 성공에 대한 장애물이 아니라 배우고 발전할 수 있는 기회라고 생각할 때 더욱 그렇다.

최근 들어 극강으로 회복력이 높은 기업가의 모습을 보여 주는 두드러진 예로 오프라 윈프리만 한 사람이 없다. 윈프리는 개인적인 삶과 직업적인 삶 모두에서 끊임없이 이어지는 도전들을 극복해 왔다. 그녀의 이야기는 궁극적으로, 자기계발과 자기이해가 직업적 성공에 영향을 미친다는 셀프 임파워먼트(Self-empowerment, 스스로 강해지기)의 사례 가운데 하나가 된다. 윈프리가 점진적으로 발전하는 과정에서 수많은 도전을 극복하는 일은 결정적으로 작용했다.

"힘겨운 시기가 닥쳤을 때 인생에서 가장 경이로운 순간이 어떻게 찾아오는지 눈여겨본 적 있나요?"

윈프리는 2014년 자신의 잡지 '오'에서 이렇게 말했다.

"힘겨운 시기는 당연히 두렵습니다. 하지만 진정으로 변화할 수 있는 시간이기도 합니다."

오늘날 오프라 윈프리는 방송인이자 배우(그녀는 영화 '컬러 퍼플'에서 연기로 오스카상 후보에 올랐다)에서 시작해 광범위한 미디어·연예·기업 왕국을 지배하는 여왕으로 진화하여 세계적인 아이콘이 됐다. 2019년 포브스지는 윈프리의 순자산이 자그마치 27억 달러에 이른다고 추정했다. 하지만 윈프리는 자신이 언급했던 그 '힘겨운 시기'에 상상 이상의 극심한 고통을 감내해야 했다.

1954년 윈프리가 미시시피 시골의 10대 미혼모에게서 태어났을 때만 해도, 그녀가 그토록 어마무시한 성공을 거둘 것이라 예상한 사람은 아무도 없었다. 윈프리는 극심한 가난에 찌든 유년기를 보냈고, 한편으론 성학대로부터 살아남아야만 했다. 14세의 나이에 임신한 윈프리는 조산을 했으며 그렇게 태어난 아들은 얼마 지나지 않아 사망했다. 그 후 그녀는 테네시로 이주했다. 미국 남부에서 젊은 흑인 여성으로 살아간다는 것은 흑인민권운동이라는 치열한 전투와 결을 함께하는 것이었음에도, 윈프리는 자신의 삶을 바꿔 나가기 시작했다. 그녀는 스스로의 삶을 책임지면서 그동안 겪었던 좋았던 경험과 끔찍했던 경험들을 모두 자신이 앞으로 발전해 나가는 것에 활용하겠다고 결심했다. 윈프리는 2007년 '오'에 이렇게 썼다.

"(전략) 우리 모두는 스스로를 책임져야 합니다. (중략) 여러분은 아파르트헤이트나 부모님, 또는 주변상황을 비난해서는 안 되는 법입니다. 여러분을 규정짓는 것은 그 상황이 아니니까요. 여러분은 가능성입니다. 그 점을 명심할 때 무엇이든 할 수 있어요."

또한 2014년 저서《내가 확실히 아는 것들》에서는 다음과 같이 쓰기도 했다.

"우리 앞에 놓인 모든 장애물들은 다 의미가 있음을 분명 알고 있습니다. 그리고 그러한 도전들이 주는 교훈을 기꺼이 받아들이는 것이 성공하는 사람과 정체된 사람 간의 차이를 만들어 내는 법입니다."

오프라는 아직 학생이던 시절, 지역 라디오 방송국에 취직해 뉴스 앵커직을 맡았고 그 후 토크쇼 진행자가 됐다. 그녀는 커뮤니케이터로서 타고난 재능 덕에 청취율을 더욱 끌어올릴 수 있을 거라 확신했다. 따라서 직접 프로덕션 회사를 설립한다는 결심을 더 쉽게 할 수 있었다. 윈프리는 서른둘의 나이에 백만장자가 됐고, 10년이 채 지나지 않아 3억 4천만 달러의 자산을 보유하며 포브스가 뽑은 미국 내 400대 부자 리스트에 이름을 올렸다. 2003년 그녀는 전 세계를 통틀어 흑인 여성으로서는 최초로 자수성가한 억만장자가 됐다. 윈프리는 언제나 새로운 도전에 당당히 맞서고 실패를 두려워하지 않는다. 그녀는 2012년 포브스지에 말했다.

"여러분이 할 수 없으리라 생각하는 그 한 가지 일을 해 봅시다. 그리고 실패하세요. 그러면 다시 한번 도전하세요. 두 번째는 조금 더 잘해 봅시다. 단 한 번도 넘어져 본 적 없는 사람은 그저 단

한 번도 위험을 무릅써 보지 못한 사람일 뿐이랍니다."

《내가 확실히 아는 것들》에서 윈프리는 인생의 도전을 약한 지진에 비유하면서, 그러한 지진은 인간 존재에서 피할 수 없는 측면이라고 주장했다. 그리고 그러한 지진을 견뎌 낼 수 있는 유일한 방법은 그 때문에 영원히 나가떨어지지 않도록 자세를 바꾸는 것이라고 했다.

"하지만, 그러한 경험들은 우리가 새로운 무게중심을 찾기 위해 오른쪽이나 왼쪽으로 움직일 수 있게 해 주는 선물이라고 믿어요. 그에 맞서 싸우지 마세요. 대신 자세를 고치는 데에 도움을 받으세요."

다시 말해, 지진 때문에 흔들리고 어쩌면 마음이 무너져 내릴 것처럼 느껴지더라도 그 어려움을 길잡이로 삼으라는 것이다.

"우리에게 인생은 최고의 스승입니다."

그녀는 2014년 스탠퍼드 대학원과의 인터뷰에서 이렇게 말했다.

"매일 우리에게 일어나는 슬픔, 도전, 걱정들 같은 소소한 일들 … (중략) … 이 모든 것들을 통해 우리는 스스로에 대해 알아 가게 됩니다. 그리고 우리가 우리 자신에 대해 잘 알게 됐을 때 (중략) 우리는 최고가 되는 거지요."

이는 리처드 브랜슨과 결을 같이하는 정서이기도 하다. 브랜슨은 2009년 석세스 닷컴과의 인터뷰에서 이렇게 단언했다.

"도전이란 훌륭한 아이디어들을 끝까지 밀고 나가는 것입니다. 좋은 아이디어가 떠올랐다면 그냥 한번 시도해 봐야 한다고 생각해요. 그리고 완전히 실패했다면 얼른 일어나서 다시 한번 시도하세요. 실수로부터 배우세요."

인터넷 전설의 기원

중국의 전자상거래기업인 알리바바는 세계에서 가장 큰 기업 가운데 하나다. 창업자 마윈의 경험은 회복력과 인내에 관한 좋은 본보기가 되어 준다. 1990년대 중반 마윈은 미국을 방문한 영어 교사로서 처음 인터넷을 접했다. 그때까지 그는 직업적으로 여러 차례 실패를 겪어 왔다. 대학 입시에 두 차례 실패했고, 하버드 경영대학원으로부터는 자그마치 열 번이나 거절을 당했다. 사실, 켄터키 프라이드치킨이 처음 중국에 진출했을 때도 마윈은 그 회사에 취직하는 것에 실패했다. 하지만 마윈은 자기확신을 잃어 본 적 없다. "절대로 포기하지 말라."는 그의 인생 좌우명이다. 미국 여행을 마친 그는 인터넷이 어떻게 중국 시장의 특정한 욕구에 대응할 수 있을지 고민했다. 1999년 마윈은 알리바바를 설립했지만 성공은 단번에 찾아오지 않았다. 그는 제대로 된 사업 모델을 갖출 때까지 여러 차례 시행착오를 거쳐야만 했고 몇 년간 회사의 좌우명은 '생존'이었다. 하지만 2015년 포브스는 세상에서 가장 영향력 있는 인물 22인 중 하나로 마윈을 선정했다.

"끊임없는 노력, 그리고 실패로부터 끊임없이 배울 수 있는 능력 덕에 성공할 수 있었습니다."

그는 2004년 이렇게 말했다.

"오늘이 힘겨운데, 심지어 내일은 더욱 힘겨울 수도 있어요. 하지만 내일모레는 아름다울지도 모르죠. 너무 많은 사람들이 힘든 시간을 보내고 내일 밤이 찾아오기도 전에 포기하고 말아요. 그러니까, 절대로 오늘 포기하지 마세요!"

완벽한 것을 제공하라

"좋은 디자인이 좋은 영업이다."

토머스 왓슨(IBM 회장), 1973년 펜실베이니아대학교 졸업 축사 중에서

엘리트 운동선수들은 가끔 성공과 실패 사이의 근소한 차이, 최고로 좋은 것과 그저 좋은 것을 갈라놓는 극히 적은 점수 차에 대해 말한다. 이것이 올림픽 챔피언과 중도 탈락한 선수, 월드컵 축구 선수와 만년 후보 선수의 차이다. 기업가주의의 세계에서도 마찬가지다. 극심한 경쟁이 일상이고, 또 더 나은 것에 대한 수요가 끊임없이 생겨나는 곳이니까.

그러한 환경 속에서 기업가는 제품이든 서비스이든 간에 자신들이 시장에 제안하는 대상이 절대적으로 최고임을 보장해야 한다. 고객은 몇 년 동안이나 좋아하는 식당에 다니다가도, 음식이

단 한 번만 맛없어도 그곳에 다시는 발을 들여놓지 않겠다고 다짐할 수도 있다. 최고 수준에 도달하는 것뿐 아니라 유지하는 것도 중요하다는 의미다.

애플의 스티브 잡스가 이 사실을 가장 잘 이해하는 사람이라는 점에는 이론의 여지가 없을 것이다. 그는 최첨단 기술과 예술가의 미학적 감각이 함께 녹아든 애플의 문화를 조성했고, 애플은 과학과 기능성, 아름다운 디자인을 아주 매끄럽게 융합한 덕분에 세계에서 가장 큰 회사 가운데 하나가 됐다. 아마도 스티브 잡스는 이 디자인 측면에 대해 잘 이해하고 있었기에 그와 그의 제품이 진정으로 독보적인 위치에 오를 수 있었을 것이다. 다른 기업들은 혁신적인 기술과 편리한 사용 등에서는 애플과 견줄 만했지만, 애플이 아이팟, 아이패드, 아이폰 등에 불어넣은 반짝이는 손길은 그 누구도 따라갈 수 없었다. 잡스는 결점 없는 디자인을 추구하고 싶은 욕망 속에서, 디자인이야말로 자신의 회사를 최정상에 올려놓을 수 있는 그 작디작은 차이임을 깨달았다.

"디자인은 단순히 어떻게 보이고 어떻게 느껴지고의 문제가 아닙니다. 디자인은 어떻게 작동하느냐의 문제입니다."

그리고 잡스가 진두지휘하는 애플의 디자인은 언제나 멋지게 통했다.

역사를 거슬러 올라가다 보면, 우리는 잡스의 정신적인 조상을 수두룩하게 찾아볼 수 있다. 즉, 시장지배력은 완벽하게 만든 제품을 제공하는 데에 달렸음을 깨달은 사람들이다. 예를 들어, 조지아

웨지우드의 업적을 떠올려 보자. 그가 18세기에 세운 도자기 왕국은 당시 서구의 제조업자들을 뛰어넘는 수준의 도자기를 팔았다.

"나는 세상을 한꺼번에 놀라게 해 주고 싶다."

그는 이렇게 단언했다.

웨지우드는 산업혁명이 사회의 면면을 바꿔 놓던 시대에, 영국에서 살았다. 인구는 점차 도시로 모여들고, 중산층이 빠르게 성장하고 있었다. 그 결과, 이전까지는 중국에서 수입한 값비싼 도자기를 살 수 있는, 부유한 상류층의 전유물이었던 고급 도자기에 대한 수요가 급등했다. 그간 나머지 인구는 아쉬운 대로 국내 공장에서 찍어 낸 단순하고 품질도 떨어지는 도자기를 사용해야 했다.

따라서 웨지우드는 최신식 기술혁신을 어떻게든 활용해서 중국에서 수입되는 도자기의 품질에 맞설 제품을 생산하고 이를 급부상한 새로운 중산층에게 더 낮은 가격으로 판매할 수 있다면, 상업적으로 성공할 가능성이 있다고 보았다. 웨지우드는 근면함으로 무장한 똑똑한 독학자였다. 그는 완전히 새로운 제조법을 혼자서 생각해 내고, 가장 뛰어난 품질의 점토를 구했으며, 새로운 유약을 개발했고, 대중적인 상상력을 사로잡을 디자인에 혼신의 힘을 다했다(이 디자인들은 오늘날까지 이례적인 인기를 얻고 있다). 머지않아 그는 출세 지향적인 중산층을 사로잡았을 뿐 아니라 왕실 팬까지 얻었다. 조지 3세의 아내인 샬럿 왕비는 그에게 다구(茶具)를 주문했고, 러시아의 예카테리나 2세는 특별히 디자인된 952종의 만찬용 식기 세트를 구입하는 등의 수혜를 누리기도 했다. 다음에 나오는 웨지우드의 말은 그의 완벽주의자적 열의와 함께, 우수함이 기업의 의무라는 그의 믿음을 드러낸다(이 말은 엘버트 허버드의 《철학자의 스크랩북》에서 인용됐다).

아름다운 형태와 구성은 우연히 만들어질 수 없다. 또한 어떤 재료를 쓰든 간에 적은 비용으로 만들어 낼 수도 없는 법이다. 싸구려 재료와 별 볼 일 없는 솜씨의 조합은, 기술과 제조업자들이 빠르게 쇠퇴하고 완전히 파멸하게 되는 가장 흔하고 확실한 원인이다.

웨지우드는 자기 제품의 품질에 대해 자신감을 지닌 덕분에 "만족을 보장해 드립니다. 아니면 돈을 돌려 드리겠습니다."라고 약속할 수 있는 최초의 거물 사업가로 여겨지게 됐다.

이쯤에서, 우수성을 추구한다는 점에서 웨지우드의 접근법과 닮은 잡스의 이야기로 돌아가 보자. 잡스가 가진 재능 가운데 하나는 그가 요구하는 엄격한 기준에 맞춰 일할 수 있는 인물들을 찾아내는 것이다. 잡스는 애플의 모든 제품을 자기 손으로 직접 만들어 낼 수는 없더라도 그 일을 해 줄 팀을 꾸릴 수는 있었다. 그중에는 영국 출신 디자이너인 조너선 아이브가 있었다. 아이브는 2011년 스티브 잡스의 장례식에서 완벽함에 집착하던 자신의 옛 상사에 관해 언급하기도 했다. 아이브는 잡스가 브레인스토밍 회의마다 온갖 아이디어를 다 쏟아 냈다고 회상하면서, 어떤 아이디어는 '멍청하고' 심지어는 '진짜 끔찍하기도' 했지만, 어떤 아이디어는 '회의실 분위기를 휘어잡아' 버렸고 '대담하면서 기막히게 훌륭한 아이디어'이거나 '잔잔하고 단순하지만 세부적이고 중요한 부분으로 들어가면 완전히 심오한' 아이디어일 때도 있었다고 했다.

아이브는 애플에서 아이맥의 책임 디자이너로서 이름을 알렸다. 속이 다 들여다보이는 세모꼴 아이맥 컴퓨터는 사람들이 PC에 대해 생각하는 방식을 바꿔 놓았다. 또한 그는 몇 년 후 아이콘이 되어 버린 아이팟의 디자인을 탄생시킨 팀의 핵심인물이 되었다. 아이브는 잡스와 마찬가지로, 디자인은 사용자가 보기에 거슬려서는 안 되며, 단순하고 군더더기 없는 우아함으로 특색을 드러내야 한다고 믿었다. 아이팟은 새로운 기술(조그마한 기계 안에 엄청나게 많은 음악을 저장할 수 있으며 노래를 한 곡씩 찾아 선택할 수 있는 계층적인 메뉴 구조를 지녔다)과 메뉴를 통해 검색할 수 있는 새롭고 우아한 방식(기계 앞면에 획기적인 클릭휠이 납작하게 장착됐다), 그리고 여러 가지 멋들어진 혁신들(카드 한 벌보다 납작한 부피부터 모노톤의 마무리, 심지어 보기 싫은 스티커를 붙이는 대신 아이팟 자체에 시리얼넘버를 새기는 등의 디테일까지)을 모두 한데 모은 제품이었다.

아이팟은 잡스의 생산 라인에서 나오자마자 즉각 디자인의 고전으로 자리 잡게 된 또 하나의 사례가 됐다. 이쯤에서 우리는 애플이 영감으로 가득 찬 천재 한 명 덕분에 문제를 해결해 왔다고 생각하기 십상이다. 그러나 잡스는 어떤 제품을 그냥 좋은 정도가 아니라 고전으로 끌어올릴 수 있는 아주 소소한 마법을 찾아내기 위해 팀과 함께 (때로는 무자비할 정도로) 일을 했다. 아이브는 디자이너와 엔지니어, 제조업체들 사이에서 벌어졌던 상담과 협상의 고된 과정에 대해 설명했는데, 이는 모든 제품이 끊임없이 수정되고 바뀌었으며 결과적으로는 완벽해졌다는 의미다.

우사인 볼트가 수차례 올림픽 금메달을 딸 수 있었던 것은, 차라리 집에서 편히 발 뻗고 쉬는 게 나을 때조차 육상 트랙 위에서 연습하면서 힘들고 기나긴 시간을 보낸 덕이었다. 이와 비슷하게, 리오넬 메시는 실력을 갈고닦기 위해 실로 엄청난 시간을 보냈기 때문에 스페인 캄 노우(Camp Nou) 축구장에 진출할 수 있었고 마치 공이 발끝에 딱 붙어 있는 것처럼 축구를 한다. 마찬가지로 아이맥과 아이팟, 그 외에 모든 애플 제품들 역시 어렵고도 고통스러운 중노동의 결과였다. 앞서 몇 세기 전에 웨지우드가 거뒀던 성과와 마찬가지로 말이다. 사실상 경쟁사들을 평가하는 기준을 세워 버린 모든 프리미엄 제품들, 이를테면 시대가 바뀌어도 매력을 뿜어내는 빅(Bic) 볼펜이나 리바이스 청바지, 레고 블록 같은 고전 디자인들은 그 창조자의 힘겨운 노력과 혁신이라는 비슷비슷한 뒷이야기를 가지고 있다. 기업가가 된다는 것은 지쳐서 나가떨어질 때까지 혼자 일한다는 게 아니다. 진짜로 성공한 기업가는 자신이 바라는 최상의 제품을 고객들에게 확실히 제공하기 위해 안주하기보다는 스스로를 밀어붙일 수 있는 사람이다.

고객은 왕이다

"나는 내가 사람들과 이야기하고, 질문을 하고, 메모를 하며,
고객들의 눈에서 내 사업을 경험해 보는 데에
대부분의 시간을 쓰고 있는지를 늘 확인한다."

리처드 브랜슨, 《내가 상상하면 현실이 된다(2006)》

매일 사업을 운영한다는 압박을 받다 보면 가끔은 여러분이 도대체 왜 이 일을 하는지를 잊을 수 있다. 여러분은 고객층이 요구하는 제품이나 서비스를 제공하기 위해 일한다. 그러나 특별히 고객을 직접 대면하는 일이 아니라면, 궁극적으로 여러분에게 돈을 지불하는 사람들이 누구인지를 너무나 쉽게 잊어버린다. 하지만 사업가가 이렇게 행동한다는 것은 위험을 무릅쓰는 것과 같다. 여러분이 더 이상 고객들을 가장 우선적으로, 또는 중심에 두고 생각하지 않게 되는 순간, 상업적 몰락으로 향하는 여정이 시작된다. 월마트의 창업자 샘 월튼은 이렇게 말하기도 했다.

"우리의 상사는 오직 한 명, 바로 고객뿐이다. 고객은 그저 다른 마트에서 돈을 쓰기만 해도 회장부터 시작해 그 밑으로 줄줄이 모든 사람을 해고해 버릴 수 있다."

고객과 고객의 필요와 욕구, 그리고 행동을 이해하는 문제가 그 자체로 수십억 달러의 사업이나 마찬가지인 이유가 여기에 있다. 그러나 굳이 거금을 들여 다른 사람을 시키지 않고도 가장 결정적인 고객 정보를 얻어 낼 수도 있다. 앞서 인용한 브랜슨의 말처럼, 가장 좋은 방법은 여러분에게서 뭔가를 구입하는 사람들과 직접 이야기를 나누는 것이다. 그 사람들은 여러분에게서 무엇을 원하는가? 여러분이 잘하는 것은 무엇인가? 어떤 점이 더 좋아질 수 있는가? (그리고 이점을 기억하자. 고객은 언제나 옳다. 불공평하거나 비합리적이라고 생각하더라도 그렇다. 반박하며 입씨름하려 들지 마라. 그것은 바로 고객들이 다시는 여러분의 회사를 이용하지 않게 할 가장 빠르고 확실한 방법이 될 테니까! 리처드 브랜슨은 2016년 포브스지에 이렇게 말하기도 했다. "불만은 고객을 평생친구로 만들 수 있는 기회입니다. 진지하게 하는 말이에요. 방송용으로 하는 헛소리가 아니라요.")

직원과 대화를 나누는 것 역시 고객이 어떻게 생각하는지 그 실정을 알아낼 수 있는 훌륭한 방법이다. 매장(또는 그에 상당하는 부문)에 나가 있는 직원들은 당신이 회사 상사로서 대화를 나눌 때보다 좀 더 솔직한 관점에서 고객의 진짜 생각을 얻을 수도 있다. 고객의 소리를 활용하는 것도 고려해 보자. 그리고 날것 그대로의 기업 데이터를 살펴보자. 여러분의 회사는 어떤 부분에서 잘나가고, 어떤 부분에서 허우적대고 있는가? 그 이유가 무엇일까 하는 어려운 질문을 스스로에게 던져 보자. 여러분의 고객들은 어떻게 보이는가? 이 고객들은 왜 그렇게 응답한 것일까? 고객들은 모두 특정한 유형의 사람에 속하는가? 왜 그런가? 더 광범위한 고객층을 사로잡기 위해 여러분의 회사는 어떻게 변화할 수 있을까?

역사적으로 보면, 특히나 고객의 욕구가 변호하는 시기에 고객을 우선시해야 함을 깜빡 잊은 회사들이 군데군데 존재한다. 예를 들어, 코닥을 떠올려 보자. 코닥은 1888년 창업한 이래 사진업계의 거대기업으로 군림해 왔지만, 2012년 미국에서 파산신청을 해야만 했다. 고객들이 전통적인 필름 사진에서 벗어나 디지털 사진으로 과감하게 성큼성큼 옮겨 가고 있음을 뒤늦게 깨달은 죄였다. 이번에는 코닥의 운명과 비츠 일렉트로닉스의 성공을 비교해 보자. 엄청나게 잘나가는 음악 프로듀서인 닥터 드레와 지미 아이오빈은 2006년 비츠 일렉트로닉스를 공동 창업했다. 당시 헤드폰 시장은 착용했을 때 눈에 띄지 않는 이어폰 류가 점령하고 있었고 그 후에는 애플에게 유리하게 돌아가고 있었다. 하지만 드레와 아이오빈은 이런 식의 제품에 불만을 품고 있는 고객들이 많다는 점에 주목했다. 어마어마한 돈과 에너지, 그리고 전문기술이 음악 산업에 몰리고 있는 동안, 다양한 음악 팬들은 그 높은 생산 가치를 제대로 활용해 만든 장비를 통해 음악을 들을 수 없는 이유가 무엇인지 의아해했다. 드레와 아이오빈은 고객의 목소리에 귀를 기울였고, 당시 구할 수 있는 제품보다 훨씬 좋은 품질의 헤드폰을 만들기 위해 기꺼이 돈을 투자해도 될 만큼 시장이 크다는 것을 확신하게 됐다.

이들이 옳았다. 그리고 2014년, 역시나 고객들의 소리에 귀를 기울여 오던 애플은 약 30억 달러에 이 브랜드를 인수했다.

역사를 더 거슬러 올라가더라도 고객을 우선시하지 않고 성공한 기업가는 거의 없다고 봐야 한다. 예를 들어, 지난 20세기 초에 마담 C. J. 워커는 그동안 그 누구도 충족시켜 주지 않았던 아프리카계 미국인들의 욕구에 맞춰 헤어 제품과 화장품을 특별히 제작했고, 이를 통해 막대한 부를 쌓았다. 그녀는 이 고객들을 향해 귀를 활짝 열었고, 결실을 맺을 수 있었던 것이다.

아마도 현대시대에 고객 충성도를 가장 훌륭하게 일궈 낸 사람은 바로 스티브 잡스일 것이다. 그는 자신의 고객들이 매끄럽고 훌륭하면서도 실용적인 기술을 원하리라는 것을 알고 있었다. 하지만 그보다도 잡스는 고객들을 하나의 공동체로 만들었다. 즉, 고객 한 명 한 명이 잡스를 똑 닮은 창의적인 자유사상가라는 공통적인 믿음을 가지도록 한데 묶은 것이다. 여러분은 '앱등이(애플과 곱등이의 합성어로 애플 제품만 사용하는 광적인 고객)'일 수도 있고 아닐 수도 있었다. 하지만 잡스는 단순히 자기 고객들과만 소통하거나 회사를 어떻게 운영할지를 결정하려고 시장조사에 의지하는 것만으로 만족하지 않았다. 그는 애플이 고객과 완전히 똑같은 정신공간에 머무르기 위해 노력해야 한다고 믿었다. 애플의 디자이너들과 테크 마법사들이 고객과 똑같이 생각하고 그에 따라 논리가 흘러간다면, 고객들이 원하는 제품을 찾아낼 가능성은 더 커질 것이다. 잡스는 말했다.

"사람들을 속인다거나, 사람들이 사실은 원치 않는 뭔가를 원한다고 생각하도록 설득하는 문제가 아니다. 우리는 우리가 원하는 것이 무엇인지 알아낸다. 그리고 다른 많은 사람들이 그 제품을 원하는지 여부를 충분히 검토하기 위해서 적절한 규율을 꽤나 잘 갖추고 있다고 생각한다. 우리는 그렇게 하기 위해 월급을 받는다."

제프 베조스의 태도 역시 이와 비슷하다. 그는 말했다.

"최고의 고객서비스는 고객이 당신에게 전화할 필요도 없고 말할 필요도 없는 상태다. 그냥 잘되고 있다는 뜻이니까."

그러나 어떤 방법으로든 상관없이, 모든 기업가는 누가 자기 제품이나 서비스를 구매하고, 무엇을 원하며, 왜 그것을 원하며, 얼마나 돈을 지불하고 싶어 하는지 알아야 한다. 고객의 기대를 알고 있을 때 비로소 그 기대를 넘어서는 것이 가능해진다. 그렇게 해서 고객은 여러분의 경쟁자가 아니라 여러분의 기업에서 구매를 하는 충분한 이유를 가지게 되는 것이다.

더 빠르게 달리는 말

출처불명이지만, 헨리 포드가 자신이 자동차산업에 어떤 혁신을 일으켰는지에 대한 질문을 받자 이렇게 대답했다는 이야기가 있다.
"사람들에게 무엇을 원하는지 물었다면, 사람들은 말이 더 빨리 달리길 원한다고 대답했을 거다."
고객에게 맡겨 놨더라면 세상을 바꿔 놓은 자동차는 절대 개발하지 못했을 것이라는 의미다. 포드가 정말로 이 말을 했든 안 했든 간에 다른 위대한 선구적 기업가들도 고객의 소리에 귀를 기울이는 것이 혁신을 가로막는 장애물이 되어서는 안 된다고 공통적으로 생각한다.
우리가 본 바와 같이 스티브 잡스는 고객이 왕이라고 인정했지만 제품 개발의 책임자로 생각하는 것은 아니었다.
"고객들에게 무엇을 원하는지 물어보고 나서 그걸 그대로 제공할 수는 없는 법이다."
언젠가 그는 이렇게 말했다.
"여러분이 그 물건을 만들 때쯤 고객들은 뭔가 새로운 것을 원할 테니까."
폴라로이드의 창업자 에드윈 랜드 역시 1945년, 비슷한 의견을 내놓았다.
"어떤 물건을 만들 가치가 있는지 알아보기 위한 최고의 방법은, 그 물건을 만들어서 판매하고선 몇 년간 그 물건이 널리 쓰이고 난 후 그만한 노력을 들일 가치가 있었는지 지켜보는 것이다.

경쟁을 활용하자

"말은 따라잡고 앞지를 다른 말이 없다면 그리 빨리 달릴 수 없다."

오비디우스(기원전 43년~기원후 17~18년으로 추정)

20년 동안 제너럴일렉트릭의 수장이었던 잭 웰치는 경쟁에 관한한 '경쟁사를 사 버리거나 묻어 버리거나'를 목표로 삼아야 한다고 말하곤 했다. 이 말은 기업가들이 좋아할 만한 촌철살인의 격언이라 할 수 있다. 야망 넘치는 거물 중에서, 시장을 지배하기 위해 길을 닦아 가는 과정에서 상대편을 뭉개거나 적어도 자기 마음대로 휘두를 수 있는 것을 보고 싶지 않은 사람이 있을까? 상업의 역사는 위대한 경쟁으로 점철되어 있으며, 거물들은 제각기 자기 몫의 전리품을 확보하기 위해 끝장승부를 벌인다. 코카콜라와 펩시콜라, 맥도널드와 버거킹, VHS와 베타맥스, 애플과 마이크로소프트를 떠올려 보자. 하지만 웰치의 철학은 정말로 성공으로 향하는 확실한 방법일까?

앞서 인용한 오비디우스의 말처럼, 경쟁은 여러분의 성공을 가로막는 장애물이 아니라 앞으로 달려 나가기 위한 박차로 보는 게 가장 좋다. 경쟁을 반갑게 받아들이고 연구해서 상대편의 어떤 점이 뛰어나고 어떤 점이 떨어지는지를 본 다음, 그 정보를 활용해 여러분 자신의 회사에게 알려 주자. 상대편을 능가하기 위해 경쟁으로부터 교훈을 얻도록 하자. 결국 경쟁은 기업가들이 서식하는 개방형 시장의 기본원리니까. 경쟁은 혁신을 이끌어 내고 가격을 낮게 유지해 주며, 시장을 왜곡시키는 독점을 방지해 준다. 다른 말로 바꾸자면, 경쟁은 기업가가 정직하고 기민하며 늘 준비된 자세를 갖추도록 도와준다. 쉘 전략기업그룹을 이끌었던 아리 드 호이스는 1988년 하버드 비즈니스 리뷰에서 이렇게 말했다.

"경쟁사보다 빠르게 배우는 능력은 오래도록 유지할 수 있는 유일한 경쟁우위다."

여기에서 비결은 상대방에 집착하지 않으면서 신속하게 배우는 것이다. 여러분의 회사가 경쟁사를 의식하고 스스로를 변화시키는 것과, '찾아서 파멸시켜라'라는 웰치식 접근법을 취하는 것은 별개다. IBM의 CEO인 지니 로메티는 2014년 그러한 덫에 대해 경고했다.

"중요한 건 경쟁자에 따라 스스로를 규정하지 않는 것입니다. 여러분의 고객이 무엇을 원하는지, 아니면 미래에 무엇을 원할 것이라 믿는지에 따라 스스로를 규정해야 합니다. 그러니까, 여러분의 경쟁자가 아닌 고객에 의해 스스로를 규정하세요."

헨리 포드 역시 다른 이들이 취하는 행동을 너무 자세히 살피느라 자신이 무슨 일을 하고 있는지에 대해 집중력을 잃지 않도록 경계했다. 그는 1923년 포드 뉴스에 이렇게 썼다.

"경쟁의 동기가 다른 동료들과 경쟁해서 이들을 몰아내는 데에만 있다면, 결코 멀리 갈 수 없다. 여러분이 두려워해야 할 경쟁자는, 결코 여러분에게 전혀 신경 쓰지 않으면서 항상 자기 사업을 더 훌륭하게 발전시켜 나가는 자다."

절대로 신경 쓰지 않는 경지에 오른다는 것은 당연히 까마득한 일이지만, 그 중간 어디쯤에서 만족할 만한 단계가 있을 것이다. 아마도 《포브스 인용문 사전(Forbes Book of Quotations: 10,000 Thoughts on the Business of Life(2016)》에 인용된, 유통업계의 거물 해리 고든 셀프리지는 이 점을 제대로 짚어 냈으리라.

게으름을 피우거나, 얼마간은 사업이 혼자 알아서 돌아가도록 내버려 두고 싶은 유혹에 휩싸일 때마다, 나는 내 경쟁자가 건너편 자기 집 책상에 앉아 아주 맹렬한 집중력으로 명료하게 생각하고 또 생각하는 모습을 떠올린다. 그리고 이 경쟁자가 다음에 보여 줄 멋진 움직임에 나는 어떻게 대처할 수 있는지를 스스로에게 묻는다.

다시 말해, 자기인식과 자기계발을 이끌어 내기 위해 경쟁자를 연구해야 한다는 것이다.

제프 베조스는 2011년 숍스마트 쇼핑 서밋(ShopSmart Shopping Summit)에서 이와 유사한 접근법을 지지하며 이렇게 말하기도 했다.

“현실에 안주하지 않기 위한 한 가지 방법은 언제나 초심을 간직하는 것입니다. 이런 마음가짐을 가져 봅시다. 여러분은 이 포커 게임에 대해 잘 모르는 순진한 참가자고, 아마도 여러분은 모르는 사이에 고객들에게 더 잘하는 다른 누군가가 있을 거라고 말이에요.”

또한 그는 경쟁자로부터 은밀하게 배우는 것은 아주 바람직하지만 경쟁자를 공개적으로 언급하는 것은 어리석은 일이라고 굳게 믿으며 실천에 옮겨 왔다.

이론상으로는 솔깃하게 들릴지 몰라도 경쟁자가 전혀 없다는 것은 보통 기업가에게 나쁜 신호다. 왜 그런지 이해하기 위해 여러분이 선택한 분야에 경쟁자가 없는 가장 그럴 듯한 이유 세 가지를 떠올려 보자.

- 여러분이 수요보다 앞선 경우다. 어느 누구도 아직 꿰뚫어 보지 못한 시장의 욕구를 충족시켜 줄 사업 아이디어를 여러분이 우연히 떠올렸을 가능성이 있다. 이는 세 가지 경우 중에서 가장 바람직한 시나리오다. 그러면서 일어날 가능성이 가장 낮은 경우이기도 하다. 여러분이 완전히 새로운 시장에 가장 처음으로 진입할 가능성은 0에 가깝다. 어쩌다가 처음이

된다 하더라도, 어쨌든 아직은 여러분의 회사가 버틸 수 있을 만큼 성숙하지 못한 시장에 대처해야 할 수도 있다.

- 여러분에 대한 수요가 존재하지 않는 경우다. 일단 어떤 사업 제안에 마음이 동하게 되면, 다른 사람들 역시 그럴 것이라는 생각에 휩쓸려 버리기 쉽다. 어쩌면 스스로에게 '왜 여태까지 아무도 이 생각을 못 했지?'라고 물을 수도 있다. 그렇다면 두 번째로 반드시 떠올려야 할 생각은 '내가 제공하기로 한 제품이나 서비스를 사실은 아무도 원하지 않기 때문일까?'가 되어야 한다. 아무것도 없는 상태에서도 수요를 창출해 낼 수는 있지만, 특히나 단 한 명의 기업가가 해내기에는 극도로 어려운 일이다. 시장이 없다는 것은 보통 수요가 없다는 의미다. 그렇다면 결국에는 다시 아이디어를 찾는 첫 단계로 돌아가게 될 것이다.

- 경쟁자를 파악하지 못한 경우다. 여러분이 스스로의 사업 콘셉트가 독특하고 그 누구도 거부할 수 없을 '단 하나뿐인' 사업이라고 생각하는 것은 당연하다. 하지만 그러한 자기기만을 경계하도록 하자. 예를 들어, 여러분의 카페가 독특하게도 나무 위에 사는 자그마한 포유동물의 소화관을 거쳐 나온 커피콩으로만 추출해 낸 커피를 판다고 치자. 심지어 이 커피는 정말로 맛있을 수도 있다. 여러분은 자칭 커피 전문가들이 여

러분의 카페를 '기분전환을 위해 갈 만한 유일무이한 곳'으로 꼽을 것이라고 확신할지도 모른다. 하지만 대부분의 소비자들에게 여러분의 카페는 그저 여러 커피숍 가운데 하나일 뿐이며, 심지어 경쟁자들에 비해 훨씬 비싼 커피를 파는 곳일 수 있다. 길 건너편에서 반값에 커피를 팔고 있는 그 카페는 당연히 여러분이 파악하지 못한 경쟁자다.

경쟁은 기업가주의정신의 생명이다. 패스트푸드계의 두 거인인 맥도널드와 버거킹이 몇십 년 동안 벌였던 경쟁을 떠올려 보자. 이 둘은 그 물건을 팔 수 있는 광활한 시장이 있기에 존재한다. 맥도널드와 버거킹은 1950년대 중반에 라이프스타일이 변화하면서 '패스트푸드' 개념을 받아들일 수 있을 만큼 시장이 성숙했을 때 등장했다. 처음에는 가격 면에서 맥도널드와 경쟁이 되지 않던 버거킹이 밀리는 듯 보였지만, 곧 버거킹은 비싼 가격에 더 크고 '럭셔리한' 버거를 팔기로 결정하는 '새롭고 혁신적인 접근법'을 채택했다. 그렇게 와퍼가 탄생했다. 이제는 맥도널드에게 가혹한 시련이 닥쳐올 차례였다. 맥도널드는 와퍼에 견줄 수 있는 경쟁 제품을 개발하기 위한 연구에 착수했고, 그렇게 빅맥이 등장했다. 이러한 경쟁은 계속 벌어졌다. 경쟁은 메뉴 개발에 영향을 미쳤고, 두 기업은 번갈아 가며 소비자들에게 더 많은 선택지를 제시했으며, 두 기업이 차례로 확장될 수 있는 추진력이 됐다. 오늘날 시장은 맥도널드와 버거킹뿐 아니라 그 외에 수많은 경쟁업체들에게도 충분히 넓은 무대를 제공하고 있으며, 계속적인 혁신(채식 메뉴는 물론이요, 전통적인 햄버거와 감자튀김보다 더 건강한 메뉴가 도입되고 있다)을 불러오는 경쟁은 수요를 부추기고, 이렇게 바퀴는 계속 굴러간다.

그다음으로는 현대의 가장 위대한 라이벌 기업이라 할 수 있는 빌 게이츠의 마이크로소프트와 스티브 잡스의 애플이 벌인 액션 대전이 있다. 이 경쟁은 마이크로소프트가 이 세상에 윈도를 공개하기 시작하던 무렵인 1983년, 잡스가 마이크로소프트를 향해 맥의 그래픽 인터페이스를 약탈해 갔다고 비난하면서 본격적으로 시작됐다(게이츠는 다음과 같이 대꾸했다고 전해진다. "이건 마치 우리에게 제록스라는 부잣집 이웃이 있는데, 내가 TV를 훔치러 그 집에 침입했다가 당신이 벌써 TV를 훔쳐가 버렸다는 것을 알게 된 거나 마찬가지라 생각합니다만."). 두 기업은 다양한 분쟁으로 몇 년 동안이나 소송에 매달렸고, 경쟁의식은 두 거물들이 지루하게 벌이는 막말대결로 확대됐다. 예를 들어, 잡스는 게이츠에 대해 '젊었을 때 환각제를 한 번쯤 해 봤거나 종교적 수행이라도 했더라면 좀 더 '관대한' 사람이 됐을 것'이라고 주장했다. 또한 "(마이크로소프트는) 그냥 아무런 취향도 없을 뿐이다. 사사로운 입장에서 하는 이야기가 아니다. 대대적으로 봤을 때 이들에겐 독창적인 아이디어라고는 쥐뿔만큼도 없고 자기네 제품에는 딱히 문화랄 것도 불어넣지 못했다는 이야기다."라고 단언했다. 한편으로 분명 약이 오를 대로 오른 게이츠는 이렇게 대꾸했다.

"그냥 '스티브 잡스가 세상을 발명했고 그다음엔 우리가 뒤따라갔다'고 말하고 싶나 본데, 뭐 그래도 난 별로 신경 쓰지 않아요.”

그러나 1997년 잡스가 애플로 복귀하자, 마이크로소프트는 1억 5천만 달러가량을 애플 주식에 투자함으로써 회사가 제자리를 되찾을 수 있도록 도왔다. 두 기업의 운명은 몇 년에 걸쳐 서로가 서로의 혁신적인 한계를 밀어붙여 오면서, 두 남자가 이미 인정한 것보다 훨씬 더 뒤얽혀 있었다. 두 수장이 2007년 월 스트리트 저널의 D: 올 띵스 디지털(D: All Things Digital) 콘퍼런스에서 함께 한 무대에 오를 때쯤엔 옛 독설의 대부분은 희미하게 묻혀 버렸다. 그리고 2011년 잡스가 세상을 떠날 무렵 게이츠가 그의 집을 방문했고 둘은 몇 시간 동안이나 함께 옛 추억을 회상했다. 가끔은 날을 세웠을망정 둘의 경쟁의식은 놀라운 기술 발전의 시기를 쌍끌이해 나갔고, 새롭고 거대한 글로벌 시장을 만들어 내는 기반이 되었다. 두 기업은 오늘날 세계에서 가장 가치 있는 기업으로 손꼽히고 있다. 또한 소비자를 위해서뿐만 아니라 경쟁구도에 있던 기업들 자체를 위해서도 이보다 더 경쟁이 도움이 됐던 확실한 사례는 찾아보기 어렵다. 게이츠가 2008년 “구글이든 애플이든 무료 소프트웨어든 간에, 우리는 몇몇 환상적으로 멋진 경쟁자들을 겪어 왔고, 그 덕에 계속 정신을 바짝 차릴 수 있다.”고 (겸손하게) 말한 것처럼 말이다.

전기 충격적 사건

1880년대와 1890년대로 거슬러 올라가면, 토머스 에디슨과 조지 웨스팅하우스는 19세기의 여러 위대한 경쟁구도 가운데 하나를 이룬 공인들이다. 둘은 전기 공급을 장악하기 위해 싸웠고, 각각 DC(직류)와 AC(교류)라는 경쟁적인 체계를 보유하고 있던 이 다툼은 '전류전쟁'으로 알려지게 됐다. 이 전쟁에서는 간혹 치사한 전술이 쓰이기도 했는데, 특히나 뉴욕 주가 범죄자들을 사형시키는 데에 전기의자를 사용하기로 결정했을 때 그랬다. 에디슨은 전기의자 발명가가 웨스팅하우스의 AC 발전기를 채택하도록 뒷돈을 지불했다. 대중들이 머릿속으로 경쟁사인 웨스팅하우스의 전류와 살상무기를 연관 짓게 만들려는 속셈이었다. 사실, 에디슨은 전기처형당한 누군가를 설명할 때 '웨스팅하우스 당했다'는 표현까지 유행시키려고 시도했다.

그 순간을 놓치지 마세요

"기회란 해돋이와 같다. 너무 오래 기다렸다가는 놓치고 마니까."

윌리엄 아서 워드, 《불의 혀(Fire-tongue, 1921)》

영화 '죽은 시인의 사회'에서 로빈 윌리엄스는 버몬트주의 어느 명문기숙학교의 영문학 교사인 존 키팅으로 분했다. 그는 "카르페 디엠. 제군들, 오늘을 즐기게. 인생을 특별하게 만들어 보게나."라며 담당학생들에게 용기를 심어 주었다. 10대 소년뿐 아니라 성별과 상관없이 모든 기업가에게도 마찬가지다. 성공한 모든 기업의 기원은 기회를 붙잡은 그 순간까지 거슬러 올라갈 수 있고, 성공하지 못한 수많은 기업들에게는 기회를 놓쳤다는 슬픈 이야기가 따른다.

기회를 잃고 마는 근본적인 원인 가운데 하나는 '가면증후군'

이라 불리는 현상이다. 즉, 사람들은 자기 자신이 재능과 노력을 바탕으로 성공할 만한 자격을 갖췄음을 믿지 못하는 것이다. 여러 훌륭한 기업가들은 이러한 생각에 끌려 다닌다. '나는 준비가 안 됐어. 나는 더 많이 알아야만/더 많이 일해야만/내 능력을 이미 입증했어야만 해. 미처 준비도 안 됐는데 지금 이 기회를 잡았다가는 실패할 게 뻔하지. 그러면 어떻게 되겠어?'라고 간주하는 것이다.

기회가 찾아오기도 전에 험난한 과정에 돌입하는 문제에 대해서는 분명 할 말이 많다(67페이지의 '완벽한 것을 제공하라' 편을 참고하자). 하지만 과한 준비 역시 위험하다. 기업가주의의 기술은 태생적으로 위험에 가득 차 있다. 가능한 한 위험을 최소화하되, 모든 위험으로부터 스스로를 완벽하게 보호하겠다는 생각에 사로잡혀 옴짝달싹 못 해서도 안 된다. 어느 정도 자신감을 가지고 내가 시장에 진입할 수 있음을 알 수 있는 단계에 먼저 올라서자. 하지만 우리의 사업이 완벽한 완성품이 되기를 기다렸다가는 시작도 하기 전에 시장의 틈새는 사라져 버릴지도 모른다.

게다가 가끔 기회는 우리가 전혀 기대하지 않는 순간 찾아오기도 한다. 레이 크록(그의 이야기는 143페이지에서 좀 더 자세히 읽어 볼 수 있다) 같은 사람은 딱히 건강하지도 않고 끝이 뻔히 내다보이는 중년의 영업사원이었지만, 예상치 못했던 기회를 움켜쥘 수 있었다. 그는 맥도널드 형제의 동네 햄버거집을 인수해서 훨씬 더 큰 가게로 만들겠다는 비전을 가지면서, 평범한 영업전화 한 통으로 인생을 바꿔 버렸다. 크록은 보잘것없는 커리어를 보잘것없이 마무리하며 은퇴

할 운명을 가진 것처럼 보이는 남자였지만, 그는 온 우주가 자신을 기다리고 있음을 깨닫고 기꺼이 그 기회를 움켜쥐었다.

기회가 기대치 않게 찾아온다고 해서 이를 불리하다고 여겨서는 안 된다.

기회가 미리 연락하고 찾아오는 경우는 아주 드물다. 여러분이 선탠로션 사업을 한다고 하자. 기본적으로 여러분의 사업 계획은 여름이 되자마자 가게를 여는 것이 될 것이다. 하지만 초봄에 예상치 못했던 무더위가 찾아왔을 때, 그 기회를 날려 버리는 것은 오직 바보 아니면 만성적인 준비 부족 환자뿐이다. 물론 몇 주 정도 시간이 더 있을 때보다는 사업적인 측면에서 철저한 준비가 되어 있지 않을 수도 있다. 하지만 일단 제품을 시장에 내놓고 수요의 일부라도 흡수할 가능성이 있다면, 여러분에게는 그 기회를 잡아야 할 의무가 있다. 또한 여러분이 준비가 미흡하다고 느껴질 때면 다음과 같이 Virgin.com에 공유된 리처드 브랜슨의 말에서 위안을 얻어도 좋다.

"누군가가 당신에게 놀라운 기회를 제시했지만 그 일을 할 수 있을지 확신이 서지 않을 때, 무조건 하겠다고 답하라. 그런 다음에 하는 법을 배우면 되니까."

리처드 브랜슨은 항상 이러한 신념을 가지고 살아왔다. 어린 시절의 그는 '레츠고(Letsgo)'라는 별명으로 불렸지만 버진에서는 '미스터 예스(Mr Yes)'로 유명했다. 스물셋의 나이에 버진 레코드의 수장이 된 브랜슨은 예의 그 '기회가 닥쳐오는' 순간을 경험했다. 당시 그는 버진 레코드의 가장 중요한 계약가수인 마이크 올드필드와 함께 미국 시장에 진출하려 했지만 진전이 없어서 걱정이 태산이었다. 브랜슨은 애틀랜틱 레코드 사장에게 올드필드의 튜블라 벨스(Tubular Bells) 앨범을 한번 들어 보라고 건넸다. 우연히도 영화감독 윌리엄 프리드킨이 애틀랜틱 레코드를 방문한 날 그의 사무실에는 이 앨범이 틀어져 있었다. 당시 프리드킨은 새 영화 '엑소시스트'에 딱 맞는 음악을 찾던 중이었다. 애틀랜틱 레코드는 튜블라 벨스를 후보 곡으로 제안했고, 프리드킨은 그 앨범을 마음에 들어 했으며, 브랜슨은 예상대로 "예스!"라고 답했다. 이 영화는 당시 영화계에서 센세이션을 일으켰다. 음악은 영화 속 분위기를 조성하는 데에 핵심요소였고, 올드필드는 세계적인 슈퍼스타로 발돋움했다. 물론 브랜슨과 버진은 올드필드의 어마어마한 앨범 판매량에 힘입어 부차적인 이득을 누릴 수 있었다.

2012년에는 페이스북의 최고운영책임자인 셰릴 샌드버그는 기회를 잡는다는 것에 대한 자신의 철학을 하버드 경영대학원의 졸업생들과 이야기 나눴다.

"누군가가 우주선 자리를 준다고 하면, 어느 좌석이냐고 묻지 마세요! 그냥 올라타라고요."

샌드버그는 강하게 조언했고, 2013년에는 자신의 책 《린 인(Lean In)》에서 이 주제를 더욱 확장시켰다.

"이다음에 나올 대박상품을 찾고 있다면, 완벽하게 맞아떨어지는 것 따윈 없음을 알아야 한다. 우선 기회를 잡은 다음에 그 기회를 당신에게 맞추어야 한다. 그 반대가 되어서는 안 된다."

특히나 그녀는 여성 독자들을 언급하면서 이렇게 덧붙였다.

"여성들은 '나는 그 일을 할 준비가 안 됐어'라고 생각하기보다는 '나는 그 일을 하고 싶어. 그리고 그 일을 하면서 배워 갈 거야'라고 생각을 바꿀 필요가 있다."

이와 유사하게, 허핑턴포스트의 창업자 아리아나 허핑턴은 기회가 선사하는 도전을 받아들이는 용기를 장려한다.

"대담무쌍함은 근육과 같다."

그녀는 2019년 트위터에 이렇게 썼다.

"나는 두려움에 지배당하지 않도록 더 많이 연습할수록 더욱 자연스러워진다는 사실을 인생에서 배웠다."

테드 윌리엄스는 야구의 전설이다. 야구 경기의 위대한 승부사 중 하나로 꼽히는 이 보스턴 레드삭스의 타자는 1971년 《타격의 과학》이라는 제목의 책을 출간하면서, 타자가 적절한 투구를 기다리는 것이 왜 가장 중요한지에 대해 설명했다. 이는 기업가에게도 적용될 수 있는 괜찮은 규칙이다. 첫 번째 기회가 코앞까지 날아왔을 때 좋은 기회인지 여부와 상관없이 거칠게 배트를 휘두르며 달려들지 말라는 것이다. 하지만 야구에는 스트라이크를 세 번 당하면 아웃된다는 규칙이 있기 때문에, 타자에게는 배트를 휘두를 수 있는 또 다른 기회가 늘 곧바로 찾아온다. 기업가의 경우에는 그리 운이 좋지 않을 수도 있다. 워런 버핏은 2009년 브리티시 콜롬비아 대학교에서 청중들에게 이렇게 말했다.

"오늘 뭔가에 마음이 끌렸는데 내일 더 마음에 드는 게 나타날 거라 생각해서 그냥 포기해서는 안 됩니다."

대부분의 기업가들이 증언하듯이 '완벽한 기회'란 미신과 같다. 그러니 완벽한 기회를 기다리는 대신 일단 유망해 보이는 기회를 붙잡은 뒤 여러분의 모든 것을 쏟아부어 어떻게든 이뤄 내야 한다. 그렇게 했을 때 여러분은 지금껏 무대 뒤에서 조용히 쏟았던 노고를 당당히 언급할 수 있을 것이다. 여러분의 사업이 바로 자동차경주의 전설 바비 언서가 말한 '성공이란 준비와 기회가 만나는 곳'임을 증명했길 바라면서 말이다.

레모네이드

인생을 살다가 시큼한 레몬을 얻게 된다면 어떻게 해야 할까? 옛 격언이 말해 주듯, 그 레몬으로 레모네이드를 만들도록 하자. 자 그럼, 만약 여러분이 보석상이라고 했을 때 다이아몬드 광산에서 자꾸 빛깔이 좋지 않은 보석만 채굴된다면 어떻게 해야 할까? 음, 15세기까지 거슬러 올라가는 역사를 지닌 르 비앙이라면 이를 통해 금세 새로운 시장을 장악하게 되리라. 르 비앙은 2000년도에 '초콜릿 다이아몬드'의 상표권을 등록했고, 전통적으로 공업용으로 분류되던 갈색 다이아몬드를 세공해 장신구 라인을 선보였다. 다이아몬드는 티 없이 맑아야 한다고 믿었던 사람들이 처음에는 의구심을 품었지만, 제품은 점차 다양하게 확장됐다. 르 비앙은 순간을 놓치지 않았고 완전히 새로운 보석의 지평을 열었다.

처음에 성공하지 못했다면……

"나는 제대로 된 진공청소기를 만들기까지 5,127개의 시제품을 만들었다.
5,126번 실패했지만 실패할 때마다 배웠고,
그렇게 해서 해결책을 내놓을 수 있었다."

제임스 다이슨, 《패스트 컴퍼니(Fast Company, 2007)》 중에서

빠르게 변화하는 세상 속에서 우리는 별다른 노력도 없이 갑자기 성공을 거둔 사람을 숭배하는 경향이 있다. 모든 사람들이 '더 새롭고, 더 참신하고, 더 훌륭한' 이야기를 듣고 싶어 하는 것처럼 보일 수도 있지만, 그렇게 생각하는 것은 야망 넘치는 기업가에게 굉장히 해로울 수 있다. 성공은 덧없고, 빠르게 찾아온 만큼이나 빠르게 사라져 버리기도 한다. 진정으로 훌륭한 기업가들은 길고 긴 과정을 버티는 이들이다. 물론, 운 좋게 처음부터 좋은 아이디어를 떠올리는 사람도 있지만, 대부분의 경우 성공에 도달하는 길은 훨씬 더 멀고 오래 걸리며, 정상에서 오랫동안 머물러 있기 위

해서는 그 과정에서 얻게 되는 경험들이 필수적이다.

세계적으로 유명한 위대한 기업가들 가운데 몇몇은 정상에 다다르기 전에 수도 없이 바닥을 친다. 발명가이자 디자이너, 그리고 다이슨 어플라이언스(Dyson Appliances)의 창업자인 억만장자 제임스 다이슨은 '벼락성공'을 거뒀다고 하지만 사실은 몇 년에 걸쳐 정상에 도달한 아주 훌륭한 예 가운데 하나다. 1970년대 후반, 그는 새로운 사이클로닉 진공 기술을 사용한 새로운 유형의 진공청소기를 생각해 냈다. 이 기술이라면 시장에 나와 있는 모든 기존 모델들에서 대부분 발생하는 막힘 현상을 방지하고, 값비싼 교체용 주머니를 쓸 필요가 없어질 것이었다. 멋진 아이디어였지만 어느 누구도 흥미를 가지지 않았다. 소비자들이 몇 주마다 진공청소기에 쓸 새로운 주머니를 사는 덕분에 엄청난 돈을 벌어들이는 제조업자들도 있기 때문이었다.

다이슨은 1979년부터 1984년까지 5년간 단념하지 않고 자신의 기계에 쓸 시제품 디자인 5,127가지를 개발했고, 디자인은 매번 새로 나올 때마다 그 전 단계보다 조금씩 좋아졌다. 결국 1985년 한 일본 회사가 새로운 청소기를 만들기로 결정하고 빅히트를 쳤다. 청소기는 자신감이 차오르기에 충분할 정도로 팔려 나갔고, 6년 후 마침내 다이슨은 자기의 이름을 달고 청소기를 생산하기 시작했다. 그는 결코 뒤돌아보지 않았지만, 그러면서도 모든 최악의 상황들 덕에 자기 자신과 회사를 규정지을 수 있었다는 점을 절대로 잊지 않았다. 다른 혁신적인 제품들이 잇따라 히트를 쳤고, 이 중에는 열로 물기를 증발시키는 대신 얇은 공기층이 움직이면서 물기를 없애 주는 혁명적인 손 건조기, 그리고 역시나 최첨단 기술이 적용된 헤어드라이어와 고데기가 포함되어 있다. 다이슨은 여전히 연구 개발에 수십억 달러를 투자하고 있으며, 크게 도약하기 위해 앞으로 나아가는 길에 몇 번이고 발을 헛디딜 용기와 야망을 가져야만 한다는 사실을 잘 알고 있다.

2007년 그는 패스트 컴퍼니지(誌)에 이렇게 말했다.

저는 실패를 신경 쓰지 않아요. 학생들은 늘 자기가 저지른 실패의 숫자대로 점수가 매겨질 거라고 생각하지요. 아마도 이상한 짓을 저지르고 뭔가를 달성하기 위해 수많은 실패를 경험하는 아이들이 좀 더 창의적일 겁니다. (중략) 우리는 올바른 방식으로 일을 하라고 배웁니다. 하지만 다른 사람들이 발견하지 못한 뭔가를 발견하고 싶다면, 잘못된 방식으로 일을 해야 합니다. 엄청나게 바보 같고 터무니없으며 짓궂고 위험한 일을 해서 실패를 저지르세요. 왜 실패했는지를 지켜본다면 여러분은 완전히 다른 길로 갈 수 있게 돼요. 사실, 아주 신나는 일이랍니다.

다이슨만이 성공으로 향하는 길에 여러 차례 실패를 경험했던 것은 아니다. 실제로 실패의 직접적이고도 예상치 못한 결과로 성공이 찾아온, 눈에 띄는 사례가 여럿 존재한다. 예를 들어, '뽁뽁이' 버블랩을 떠올려 보자. 1960년에 마크 샤반과 알프레드 필딩이라는 엔지니어 두 명은 특별한 질감을 지닌 새로운 유형의 벽지를 디자인하려고 시도했다. 아무리 1960년대 패션이 점점 더 과감해지고 사이키델릭해졌다지만, 그 누구도 딱히 버블랩 벽지로 자기 집을 두르고 싶어 하지 않았다. 따라서 한동안 둘은 버블랩을 신식 단열재처럼 팔아 보려 했지만 역시나 소용없었다. 그러다가 머리가 잘 돌아가는 사람들 몇몇이 최신식 IBM 컴퓨터를 배송할 때 물건을 보호하기 위해 버블랩을 조금 사용해 보기로 했고, 곧 버블랩은 수백만 기업과 개인들이 소중한 물건을 다른 곳으로 보내야 할 때 선택하는 포장지가 됐다. 버블랩은 애초에 고안된 용도로는 실패했지만 결국 샤반이나 필딩의 상상을 넘어서 훨씬 더 큰 상업적 성공으로 이어졌다.

생명을 구해 주는 소형 심박조율기 역시 우연히 발견한 실패로부터 탄생한 또 다른 창작품이다. 이 사례에서 윌슨 그레이트배치는 실수로 잘못된 크기의 레지스터를 심장박동녹음기 전기회로에 심어 버렸다. 그다음으로 등장하는 것은 집에서 벌어지는 수도 없이 많은 문제들을 해결해 주는 WD-40 윤활제다. 여기에 붙은 40이라는 숫자는 이 발명가가 상업적으로 홈런을 치기 전까지 제형을 만드는 데에 서른아홉 번 실패한 것에서 비롯됐다. 위대한 스티브 잡스조차 자잘한 사고를 쳤었다. 잡스는 '리사'와 '매킨토시' 모델이 초기에 비교적 상업적으로 큰 성공을 거두지 못하자 1985년 애플에서 사실상 쫓겨났었다. 하지만, 역사가 말해 주듯이 12년 후에 회사로 복귀했다. 그는 아이패드, 아이팟, 아이폰이라는 제품

군단의 탄생을 관장하면서 기술의 면면을 바꿔 놓았고 지구에서 가장 큰 회사로서 애플의 입지를 굳혔다.

새내기 기업가들에게 주는 교훈은 간단하다. 단번에 성공하는 경우는 드물다는 것이다. 가끔은 전혀 예상치 못한 때에, 아니면 이제 막다른 길까지 몰렸다고 느낄 때에 성공할 수도 있다. 하지만 처음에 성공하지 못했다고 해서 물러서지는 말자. 꿋꿋이 버티고 서서 올바른 방식으로 노력하고, 실패와 실수를 통해 배워 나가도록 하자. 그러한 과정은 절대로 실패가 아니며, 결국에는 미래에 성공하기 위해 시제품 모형을 만들어 가는 길임이 밝혀질 것이다. 산업계의 천재 토머스 에디슨은 "나는 실패하지 않았다. 그저 효과 없는 1만 가지 방법을 찾아냈을 뿐이다."라고 말했다지 않던가.

관리된 위험은 두려워할 필요 없다

"항구의 배는 안전하다.
하지만 항구에 묶어 두기 위해서 배를 만드는 것은 아니다."

윌리엄 G. T. 쉐드, 19세기 신학자(추정)

사업은 태생적으로 위험하다. 기업가들은 투자에 대해 수익을 얻을 수 있으리라는 보장도 없이 시간과 노력과 돈을 투자한다. 그렇게 보면 모든 기업가는 위험을 무릅쓰는 모험가다. 물론 기업가들은 실패의 위험을 줄이기 위해 힘이 미치는 범위 내에서 뭐든지 하려 하지만, 절대로 실패를 배재할 수는 없다. 여러분은 회사가 반드시 성공하도록 하기 위해 준비 작업에 심혈을 기울이겠지만, 미리 예측하지 못했던 몇몇 상황들 때문에 모든 것이 잘못 흘러갈 수 있다. 자연재해가 생길 수도, 한바탕 전염병이 휩쓸고 갈 수도, 아니면 법 규정이 바뀌거나 여러분의 사업을 없애 버릴 새로운 기술이 나타날 수도 있다. 아니면 완전히 다른 문제가 발생한다거나.

위험은 피할 수 없다. 따라서 여기서의 요령은 위험을 관리하는 것이다. 가끔 새내기 기업가는 이 조언을 듣고는, 위험을 완전히 피하기 위해 할 수 있는 일을 하는 것이라고 해석한다. 하지만 기업이 성장하고 번창하기 위해서는, 스스로를 합리적이고 관리 가능한 위험에 노출시키는 것이 좀 더 합리적인 방법이다. 성공이 보장되지는 않더라도 성공할 수 있는 가능성이 높은가? 이와 마찬가지로 중요한 것은 '성공하지 못했을 때 그 실패한 도박의 결과를 꿋꿋이 견뎌 낼 수 있는가?'다. 이 두 번째 질문에 대한 답이 '그렇다'일 경우, 영리한 기업가는 최선을 다한다면, 보상을 누릴 수 있을 거라고 믿는다. 이것은 합당한 희망이다. 또한 그 희망을 보고 위험을 무릅써야겠다고 판단하는 것도 당연하다. 유튜브 CEO인 수잔 보이치키는 2014년 존스 홉킨스 대학교의 졸업 연설에서 이렇게 언급했다.

인생이 언제나 여러분에게 완벽한 시간에 완벽한 기회를 안겨주는 게 아니에요. 기회는 여러분이 가장 기대하지 않을 때, 아니면 준비가 미처 되지 않았을 때 찾아와요. 기회가 완벽한 방식으로, 노란 리본을 단 자그맣고 예쁜 상자 안에 담겨서 전해지는 경우는 거의 없답니다. (중략) 기회라는, 이 정말 괜찮은 친구는 엉망진창에 혼란스럽고 알아보기 힘들지요. 기회는 위험해요. 여러분을 시험에 들게 하니까요.

아주 초창기 시절 마이크로소프트의 에피소드 하나는 관리된 위험을 감당하는 것이 새내기 기업가에게는 어떻게 득이 되는지를 깔끔하게 보여 준다. 때는 1975년으로, 빌 게이츠와 공동으로 회사를 창업한 폴 앨런은 알테어 8800의 발매가 코앞에 닥쳤다는 기사 하나를 읽었다. 알테어 8800은 MITS라는 뉴멕시코주의 한 회사가 개발한 마이크로컴퓨터였다. 꽤나 단순한 장치였지만 앨런은 게이츠에게 함께 팀을 이루어 그 컴퓨터에 맞는 언어를 만들어 보자는 제안을 했다. 그렇게 (당시 부르던 식으로) 마이크로-소프트가 탄생했다.

게이츠는 달랑 회사 이름만 지은 채로 앨런과 자신이 감지한 미래의 소프트웨어 혁명을 절대로 놓치지 않겠다는 불타는 열정을 품고선 MITS의 창업자인 에드 로버츠에게 접근했다. IT계에 진입한 무명의 게이츠는 대담하게도 알테어 8800에서 베이직(BASIC, Beginner's All-purpose Symbolic Instruction Code) 언어로 쓰인 프로그램을 운영할 수 있게 해 주는 해석프로그램을 자기 회사가 만들 수 있다고 주장했다. 베이직은 1960년대 중반 이후 통용되어 온 컴퓨터 언어였고, 게이츠 말대로만 된다면 알테어 8800의 잠재적 이용률은 크게 증가할 테니 로버츠는 당연히 관심을 가질 수밖에 없었다. 그는 게이츠에게 이렇게 요구했다.

"6주 후 뉴멕시코 앨버커키에 있는 사무실로 와서 해석프로그램을 시연해 보시오."

게이츠는 업계에 뛰어들기 위한 첫 발판을 마련했다. 하지만 문제가 있었다. 마이크로-소프트는 실제로 해석프로그램도, 8800도, 또 그것을 마련할 돈도 없었다. 게이츠는 아직 가지고 있지도 않은 것을 약속하는 바람에 어마어마한 위험을 감수해야 했다. 게이츠가 제품을 내놓지 못한다면 갓 태어난 그의 회사는 시작도 하기 전에 그저 웃음거리가 될 뿐, 신용도와 호감을 쌓는 것 따윈 포기해야 했다. 하지만 게이츠는 이 위험을 감당해 볼 만하다고 생각했고 자신과 앨런이 이를 제공할 방법을 찾아내리라는 자신감에 차 있었다. 그는 하버드대학교 에이컨 컴퓨터 센터의 메인프레임 컴퓨터에 접근할 수 있는 방법을 확보했고 어느 잡지 기사에서 모은 정보를 바탕으로 알테어 8800의 시뮬레이션을 급히 만들어 냈다. 이 둘은 어마어마한 강도로 작업한 결과 허용된 시간 안에 제대로 작동하는 해석프로그램을 만들어 냈다.

제임스 월리스와 짐 에릭슨이 1992년에 쓴 《하드 드라이브》에 따르면, 빌 게이츠는 이 프로젝트에 대해 이렇게 말했다고 한다.

"제가 짰던 것 중에 가장 멋진 프로그램이었어요."

일이 진행되면서 앨런은 이 프로그램을 시연하기 위해 회의에 참석하게 됐다. 그는 MITS의 사무실로 향하는 길 내내 여러 가지 요소들을 다듬었다. MITS는 당연히 감명을 받았고 이 운영체제를 사들이면서 마이크로-소프트(얼마 지나지 않아 하이픈이 빠지게 된다)가 세계 정복을 할 수 있도록 힘껏 밀어주었다. 게이츠는 위험을 감수하더라도 이 기회가 자신에게 충분히 유리하다고 판단했고, 그 판단은 옳았다. 하버드 경영대학원 하워드 스티븐슨 교수는 게이츠가 그

랬던 것처럼, 반드시 필요한 자원을 갖추기도 전에 시장의 요구를 충족시키려고 시도하는 기업가들을 주제로 글을 쓰기도 했다. 사실 스티븐슨 교수는 기업가주의정신이란 '자신이 통제할 수 있는 자원을 뛰어넘어 기회를 추구하는 것'이라고 묘사했다.

그리고 여전히 베조스는 체계적인 위험 관리를 바탕으로 회사를 운영하면서 혁신을 도입하되, 이러한 혁신들 덕에 자신의 사업이 확장되길 바라면서도 그렇지 않을 수 있음을 염두에 둔다. 2016년 베조스 코드 콘퍼런스(Bezos Code Conference)에서 그는 많은 회사들, 그중에서도 특히나 큰 기업들이 '무슨 일이든 너무 금방 포기해 버려서' 실망스럽다는 이야기를 했다. 같은 해 열린 배니티 페어 뉴 에스태블리시먼트 서밋(Vanity Fair New Establishment Summit)에서는 기업들이 '한 방 먹이려고 덤벼들 수 있고, 혁신적이면서, 새로운 일을 빠른 속도로 해내기 위해' 민첩하고 활발해져야 한다고 강조했고, 그러한 위험을 무릅쓸 채비를 하는 것이 '미래에 대한 최선의 방어'라고 주장했다.

모든 통계는 기업가주의가 위험성 높은 일임을 보여 준다. 예를 들어, 미국 인구조사국의 데이터에 따르면 모든 분야를 통틀어 새로운 벤처사업의 55퍼센트가 첫 5년 내에 망한다. 남은 45퍼센트 가운데 35퍼센트는 그 후 5년 내로 실패한다. 하지만 모든 사람들이 이러한 확률이 너무 위협적이라고 판단한다면 이 세상은 어떻게 될까? 기업가들은 위험을 무릅쓸 만큼 대담하고, 위험을 최소화할 수 있을 만큼 현명해야 한다. 에베레스트 산을 오르고 싶다면, 어느 날 아침 갑자기 눈을 번쩍 떠서 하이킹 신발을 신고 옷을 몇 겹 더 껴입은 다음에 다 잘될 것이라고 무작정 믿으면서 산에 오를 수는 없다. 우선은 사전에 미리 강도 높은 운동을 하고, 기술을 배우며, 이미 산을 올라 봤던 사람들과 대화를 하면서 여러분이 적절한 장비를 모두 갖췄는지 확인해야 한다. 그러고 나면 날씨예보에 귀를 기울이면서 출발하기에 가장 알맞은 때를 기다려야 한다. 그럼에도 여전히 여러분은 정상에 오르지 못할 가능성이 있지만, 위험을 관리했기에 성공할 수 있는 가능성이 충분해진다. 마크 주커버그는 2011년 이렇게 지적하기도 했다.

"가장 큰 위험은 아무런 위험도 감수하지 않는 것이다. (중략) 무척이나 빠르게 변화하는 세상에서 반드시 실패하게 되는 유일한 전략은 위험을 무릅쓰지 않는 것이다."

운명의 한 판

훌륭한 기업가가 위험을 관리하는 동안, 빵빵이판을 돌리거나 주사위를 던지고, 아니면 카드를 뒤집어서 사업의 기반을 마련하는 것은 보통 그다지 훌륭한 아이디어가 아니다. 하지만 페덱스(FedEx) 창업자 프레드 스미스는 사업 초창기에 회삿돈이 마지막 몇천 달러밖에 남지 않았음을 깨닫고선 그러한 방법을 택했다. 그는 5천 달러를 뽑아서 네바다 사막 한가운데에 있는 웅장한 도박의 성지 라스베이거스로 날아갔고, 그곳에서 블랙잭 게임으로 2만 7천 달러를 땄다. 회사가 자본을 확충할 수 있을 때까지 도산하지 않고 버티기에 충분한 돈이었다. 변칙적이면서도 어쩌면 현명치 못한 전략이었지만, 스미스는 이 기회를 놓쳤다가는 더 많은 것을 잃게 될 것이라 생각했다. 그는 소포를 실은 비행기가 하늘에 뜨기 위해 필요한 연료비도 낼 수 없다면 어찌 됐든 페덱스는 끝이라고 판단했던 것이다.

물러설 때를 아는 자

"그만두는 것은 포기가 아니다.
좀 더 중요한 다른 문제에 집중하기로 선택하는 것이다."

오사이 오사르-에모크파에,
《불가능한 것은 멍청한 거야 (Impossible is Stupid, 2011)》

포브스에 따르면 월트 디즈니는 이렇게 말했다.

"이기고 지고의 차이는 대부분 그만두지 않는 것에 달려 있다."

지금껏 보았듯, 하던 일을 계속 밀고 나가는 것은 중요하지만 가끔은 그 사업에서 물러서는 것이 최선이자 가장 믿을 만한 결정일 수도 있다. 스타트업 기업의 약 90퍼센트가 끝까지 버티지 못한다는 사실을 고려해 보면 대부분의 기업가는 이런 진퇴양난의 상황을 한 번쯤 마주하게 된다. 따라서 이 상황에 처하는 것을 부끄러워해서는 안 된다.

오사르-에모크파에는 위에 인용한 책에서 이와 같이 말했다.

"그만두는 것은 자신감을 잃는 게 아니다. 여러분이 시간을 보낼 수 있는 좀 더 가치 있는 방식이 있다는 것을 깨달았다는 의미다. 그만두는 것은 핑계를 대는 것이 아니라, 좀 더 생산적이고 효율적이며 효과적인 법을 배우는 것이다."

자신의 사업이 언제 성공이라는 지점을 지나가게 될지 아는 것은 어느 기업가에게든 완벽하게 익히기 어려우면서도 꼭 필요한 기술이다.

한때 반짝반짝 빛났고 반드시 성공할 운명이라고 생각했던 사업에서 등을 돌리는 일은 당연히 어렵다. 하지만 타조처럼 땅속에 머리를 묻어 버리고 모든 게 괜찮은 척 행동하기로 결정했다가는 결국에 더 큰 고통을 겪게 되는 경우가 종종 있다. 잘못된 결단력 때문에, 아니면 대안을 생각해 내지 못해서 저물어 가는 사업에 매달리는 것은 어리석은 짓이다. 그러한 사업은 여러분의 재원(財源)뿐 아니라 감정적이고 지적인 여력까지 갉아먹게 된다. 가끔은 패배를 인정하고, 경험으로부터 배우며, 다음 도전을 위해 준비하는 것이 훨씬 더 낫다. 하지만 이 주제와 관련해 워런 버핏이 어떻게 생각했는지는 1997년 출간된 《워런 버핏의 주식서한》에서 살펴보자.

"고질적으로 물이 새는 보트에 타고 있다는 것을 깨달았다면, 배를 바꿔 타는 데에 에너지를 쏟는 것이 물 새는 구멍을 막으려는 데에 쓰는 것보다 더 생산적일 것이다."

혁신적인 진공청소기를 만들겠다는 생각을 결코 포기하지 않은 제임스 다이슨조차 가끔은 백기를 들어야 했다. 2017년 그는 완전히 다른 종류의 전기차를 2020년부터 생산하기 시작하겠다는 계획을 발표했고, 400여 명의 엔지니어들은 250억 파운드 규모의 이 프로젝트를 2015년부터 진행하고 있었다. 그러나 2019년 다이슨은 두 손을 들었다. 파이낸셜 타임스에 따르면, 다이슨은 직원들에게 다음과 같이 이메일을 보냈다고 한다.

"우리는 개발 과정 내내 굉장히 열심히 노력해 왔지만, 더 이상 이 프로젝트를 상업적으로 성공시킬 방법을 찾을 수 없습니다."

이는 분명 타격을 입게 된다는 의미였지만, 금전적으로 수익을 얻을 가망도 없이 그러한 프로그램에 계속 자금을 댔다면 그 손해는 얼마나 더 눈덩이처럼 커졌을 것인가. 그럼에도 우리는 다이슨이 이 경험을 바탕으로 새로운 상업적 계획에 활용할 것이라고 장담할 수 있다.

리처드 브랜슨 역시 이를 악물고 꾹 참아야만 했던 때가 있다. 1990년대에 그는 버진 레코드를 매각할 수밖에 없었다. 버진 레코드 덕에 여러 성과들을 누릴 수 있었지만, 특히나 버진 애틀랜틱 항공을 비롯해 다른 사업을 지키기 위해서는 어쩔 수 없었다.브랜슨 본인의 고백에 따르면, 그는 사업에 쓸 10억 파운드의 수표를 받아 들면서 가슴이 미어지도록 울었지만 나머지 버진 그룹이 잘 살아남으려면 다른 선택권이 없음을 알고 있었다. 그는 몇 년 후 저서인 《라이크 어 버진(Like a Virgin)》에서 자신의 생각을 더욱 자세히 풀어 나갔다.

"그러니, 상황이 제대로 풀리지 않는다면 주저하지 말고 비상

탈출구를 열어젖히자. 그래야만 모든 일이 정리된 뒤 여러분의 팀이 함께 모여서 무슨 일이 일어났고 일어나지 않았는지를 토의하고 나서 함께 다음 사업에 착수할 수 있게 될 테니까. 그리 많은 세월이 흐르지 않더라도 훨씬 더 현명해지게 되리라."

그렇다면 기업가는 계속 붙들고 있을 것인지, 방향을 틀 것인지, 아니면 그만둘 것인지를 판단하기 위해 어떤 징조를 찾아봐야 할까? 여러분의 사업이 입지를 마련하기 위해 고군분투하는 중이라면, 다음의 사항들을 고려해 보자.

- 돈을 많이 벌지 못하더라도 사업이 올바른 방향으로 가고 있는가? 천천히 앞으로 나아가던 추진력은 가속을 얻을 수도 있지만, 되돌아가려고 한다면 이동의 방향을 바꾸기 위해 어떻게 할 수 있는가? '방법이 없다'라는 답이 나왔다면 여러분을 위해 결정이 내려진 셈이다.

- 시장을 확보했는가? 이 질문은 너무나 간단한 나머지 많은 기업가들은 여기에 답하기를 잊곤 한다. 여러분이 내놓는 재화에 대해 돈을 지불할 사람이 있는가? 적어도 소수의 열정적인 소비자를 확보한 후에 이들을 중심으로 더 큰 고객 공동체를 형성할 수 있는가?

- 경쟁사를 몰아내기 위해 필요한 것을 갖추고 있는가? 여러분

은 경쟁자보다 더 훌륭한 물건을 가졌을 수도 있지만, 시장에서 승리를 거두기 위해서는 버틸 수 있는 근육이 필요하다.

- 현금유동성을 갖추고 있는가? 빚이란 실패하는 스타트업 기업의 징조가 아니라 새로운 사업이 가질 수밖에 없는 특징이다. 하지만 장기적으로 보았을 때 여러분의 지출을 메워 줄 수입이 일정하게 확보되지 않는다면 그 사업은 아마도 가능성이 없다고 봐야 한다.

- 여전히 초심을 간직하고 있는가? 그렇지 않다면 이 경기장을 떠야 할 때가 온 것일 수도 있다. 여러분은 (적어도 대부분의 시간 동안) 사업가로 사는 것이 즐거워야 한다. 사업을 하지 않았을 때보다 사업을 했을 때 여러분의 인생이 더 불행해져서는 안 된다.

- 만약 회사가 다른 누군가의 소유라고 한다면 그 사람들에게 객관적으로 어떻게 하라고 말해 주고 싶은가?

여러분의 사업이 구제불능의 상태에 빠졌다거나 희망하던 바대로 성공을 거둘 가능성이 거의 없다고 결론 내렸다면(여기에서 성공의 정확한 정의는 사람마다 다를 수밖에 없다), 이제는 정말로 비상탈출구로 달려갈 시간이다. 무너질 일만 남은 사업을 지탱하다가 파산해 버리는 것보다는, 실패 후 더욱 강해진 모습으로 돌아오는 것이 훨씬 나은 일이니까.

에드셀은 이제 그만

상업의 역사에서 가장 유명한 '이제는 때려치워' 사례 중 하나는 바로 1958년 출시된 포드 모터 컴퍼니의 에드셀 모델이다. 포드의 경영진은 에드셀이 미래형 자동차로서 몇십여 년 전의 모델 T처럼 미국 시장의 상당 부분을 장악할 수 있을 것이라고 확신했다. 하지만 미국 대중들은 그렇게 생각하지 않았다. 소비자들은 이 차는 과하게 비싸고 못생겼으며 전반적으로 수준이하라고 생각했다. 1960년에 포드는 이 모델을 포기할 수밖에 없었다. 이미 개발과 제작, 마케팅에 2억 5천만 달러에서 4억 달러 사이의 돈을 쓰고 난 후였고, 대안이라고는 그저 밑 빠진 독에 계속 물을 붓는 것뿐이었다.

최고의 사람들로 무장하라

"제 성공의 비밀은 세상에서 가장 뛰어난 사람들을 고용하기 위해 어떤 일이든 하는 겁니다."

스티브 잡스, 브렌트 슐렌더와의 인터뷰에서(1995년)

영국의 시인 존 던이 쓴 유명한 구절이 있다.

"그 누구도 오롯이 외딴 섬이 아니다. 모든 사람은 / 대륙의 한 토막, 대양의 일부다."

기업가에게도 분명 마찬가지다. 가끔 단 한 사람이 척척 움직여서 충분히 사업에 착수할 수도 있지만, 상당한 규모에 이른 기업은 금세 함께 움직이는 팀을 필요로 하게 된다. 여러분 주변을 적합한 사람으로 채울 수 있다면 성공은 곧 여러분의 것이 된다. 잘못된 사람들을 얻었다가는 머지않아 가장 유망한 기업조차 그 핵심적인 불꽃이 사그라지고 만다. 스타트업 기업의 초기 채용이 가끔은 성공과 실패를 가른다는 이야기는 과장이 아니다.

이름 있는 경영자들의 조언을 한번 연구해 보면 좋은 인재를 등용하는 중요성을 강조하고 있음을 금방 알게 된다. 앞에서 인용한 스티브 잡스의 말과 더불어, 다른 걸출한 인물들 역시 다음과 같은 말로 인재등용의 중요성이 거의 보편적인 합의에 가깝다는 것에 힘을 실어 주고 있다.

- "우리는 언제나 온 신경을 다해 우리 직원들에게 집중하고, 이들이 결정을 내릴 수 있는 권한을 위임받았는지를 확인한다. (중략) 우리 그룹 내의 직원들을 잘 돌볼 때 나머지 부분은 알아서 잘될 것이라고 믿고 있다." 리처드 브랜슨, 《여느 때처럼 사업 뽀개기(Screw Business as Usual, 2011)》

- "우리가 하는 일 가운데 가장 중요한 것은 인재를 채용하고 개발하는 것이라고 확신합니다. 결국 전략이 아닌, 사람을 믿는 게 가장 중요하죠." 래리 보시디, GE 부사장이자 얼라이드시그널(AlliedSignal) CEO, 하버드 비즈니스 리뷰와의 인터뷰에서(1995년)

- "(전략) 좋은 팀을 꾸리는 거요. 제가 가장 시간을 들여서 하는 일이 바로 그겁니다. 제품을 만들고 있지 않을 때 저는 제품을 만들려고 팀을 연구합니다." 마크 주커버그, 컴퓨터 역사

박물관과의 대화에서(2010년)

- "우리의 비결 제1번은, 언제나 아주 똑똑한 사람들을 채용하는 거였어요." 빌 게이츠, 스미소니언 협회와의 인터뷰에서(1993년)

- "50명을 면접하고 아무도 채용 못 하는 것이 잘못된 사람을 채용하는 것보다 낫다." 제프 베조스, 패스트 컴퍼니의 소개말에서(2004년)

잡스는 까다로운 감독관이자 두려운 상사로 정평이 나 있었고, 이 점은 그가 뛰어난 팀을 구성하는 일을 신앙처럼 여겼다는 의미다. 잡스 본인의 고백에 따르면, 그는 직원들에게서 최고의 결과를 끌어내기 위해 바짝 조이기를 좋아했으며, '어느 정도 곤경에 처했을 때' 성장해 나갈 것이라 생각하는 인재들을 찾으려고 했다. 잡스는 채용에 어마어마한 에너지를 쏟았고, 개인적으로 채용 과정을 버거워하면서도 적극적으로 관여하기를 좋아했다. 1980년대 맥 프로젝트를 진행했던 애플의 무용담은 우리에게 교훈을 안겨준다.

1980년대 초반에 맥 프로젝트는 갈피를 잡지 못하고 당시 애플의 둘째가는 걱정거리였던 때가 있었다(지금은 훨씬 덜 알려진 '리사' 프로젝트가 가장 큰 걱정거리였다). 제프 라스킨은 맥 팀을 이끌고 있었지만 잡스는 대대적인 개편이 필요한 때라고 판단했다. 잡스가 염두에 두고 있던 변화 가운데 하나는 당시 애플 II 프로젝트를 진행하던 앤디 허츠펠트를 영입하는 것이었다. 잡스는 아침에 허츠펠트와 면담을 하고 오후에 일자리를 제의했으며, 허츠펠트는 이를 기꺼이 수락했다. 허츠펠트는 당시 담당하던 프로젝트의 몇몇 미진한 부분만 마무리 지으면 바로 합류할 수 있다고 설명했다. 이에 대한 대답으로 잡스는 허츠펠트의 애플 II 전원코드를 바로 뽑아 버려서 저장해 두지 않은 내용을 몽땅 날려 버렸다. 허츠펠트는 새로운 자리를 배정받았고 곧 맥에 대한 작업을 시작했다. 허츠펠트가 이 업무에 가장 적합한 인물임을 확신한 잡스는 채용을 하는 데에 그의 성격 그대로 타협 없는 태도를 보여 줬다.

월트 디즈니는 모든 성공이 기업을 구성하는 개인의 능력에 달려 있다고 믿는 또 다른 인물이었다. 월트 디즈니 인스티튜트에 따르면 디즈니는 이렇게 말했다고 한다.

"여러분은 세상에서 가장 신나는 장소를 꿈꾸고, 만들어 내고, 설계하고 지어 낼 수 있어요. (중략) 하지만 그러기 위해서는 꿈을 현실로 만들어 줄 사람들이 필요합니다."

디즈니는 힘겨운 경험을 통해 이러한 교훈을 배우게 됐다. 커리어 초반에 그는 여러 가지 난관으로 어려움을 겪었는데, 1922년 월트 디즈니의 래프-오-그램스(Laugh-O-Grams) 스튜디오는 배급사와의 계약이 어그러지면서 망하고 말았다. 그러자 그는 이에 대한 대처로 형 로이와 함께 할리우드에 디즈니 브라더스 만화 스튜디오를 세웠다. 로이는 월트에게 부족한 사업적 감각과 핵심을 꿰뚫어 보는 눈을 가졌었다. 이렇게 해서 믿을 만한 업무 관리자를 확보한 월트는 자신이 찾을 수 있는 가장 뛰어난 창작자들로 스튜디오를 채우려고 했다. 초창기에 월트 디즈니가 전 세계 애니메이션의 세계를 단숨에 정복할 수 있도록 도와준 것은 바로 어브 아이웍스였다. 두 짝꿍은 서로 아이디어를 주고받으며 미키 마우스 같은 전설적인 캐릭터들을 탄생시켰다. 그 후 1930년부터 1970년까지 디즈니 스튜디오는 만화란 무엇인가에 대한 우리의 기대치를 거의 혼자서 정의 내려 버렸다. 이 과정을 이끈 것은 디즈니의 나인 올드 맨(Nine Old Men)이라고 알려지게 된 작은 팀으로, 디즈니가 손수 뽑은 애니메이터들로 구성된 이 팀은 꿈을 현실로 만들어 줄 수 있었다.

잡스와 마찬가지로 디즈니 역시 함께 일하기에 쉽지 않은 상사였을 것이다. 1928년 미키 마우스 열풍이 시작되자마자 그는 아이웍스를 채근했다.

"예의 그 스피드를 보여 주시오. 지옥에서 온 것처럼 일하라고요. 우리가 정말로 죽여주는 작품을 보여 줄 수 있는 엄청난 기회니까. (중략) 당신은 할 수 있어요. 할 수 있다는 걸 알아요. (중략) 그렇게 될 수 없다고 말하지 말아요. 그렇게 되어야 하니까요."

결국에 아이웍스가 느끼는 압박이 너무 커졌고, 둘은 갈라져서 각자의 길을 가게 됐다. 하지만 아이웍스는 여전히 디즈니가 훌륭한 팀 구축자라는 점을 인정하고 있었다. 스티브 와츠의 《매직 킹덤(Magic Kingdom, 1997)》에서 아이웍스는 초창기의 회사를 회상했다.

"월트는 그 초창기에 직원들과 아주 가깝게 지냈어요. 화가들이 일하는 사무실에 들러서 수다를 떨거나 잠시 머무르면서 내부적인 관심사에 대해 묻고, 애니메이션에 대해 몇 가지 제안을 할 때도 있었어요. 직원들은 그러는 것을 좋아했고 모두가 열심히 대답했지요."

결국 팀을 구축한다는 것은 채용뿐 아니라 팀을 유지하는 것에 관한 문제이기도 하다. 좋은 기업가는 언제 직원들을 쥐어짤지 알면서도, 한계점에 도달하지 않게끔 언제 그 압력을 완화해 줘야 하는지도 알고 있다.

그렇다면 기업가는 회사에 합류할 후보자의 어떤 부분을 눈여겨봐야 할까? 경력은 당연히도 중요한 자산이다. 한 번도 컴퓨터 키보드 앞에 앉아 보지 못했거나 일지를 빼곡히 채워 보지 않은 사람을 매니저로 앉히고 싶은 사람은 아무도 없을 것이다. 하지만 경력을 살펴보는 과정에서 다양한 경험을 쌓아 왔다는 이유로 구태의연하거나 적응할 의지가 없는 사람을 채용하지 않도록 주의하자. 또는 경험이 덜 쌓인 후보자가 지닌 잠재력을 경험이 대체할 수 있다고 생각해서도 안 된다. 최초의 기회가 주어져야 경험을 쌓을 수 있다는 것은 당연한 진리다. 따라서 성공적인 팀은 보통 노련한 인재들과 함께 젊은 혈기와 잠재성을 지닌 인재를 아우른다.

워런 버핏은 채용에 대해서 자신만의 견해를 가지고 있다.

"직원을 채용할 때 세 가지 자질을 살펴야 한다는 말이 있어요. 진정성과 총명함, 그리고 에너지예요. 그리고 첫 번째 자질이 결여

되었을 때 나머지 자질은 여러분을 힘들게 만들 거예요."

잘나가는 경영사상가들은 진정성을 지니고 문화적으로 잘 맞는 후보자를 찾는 것은 공인 자격이라든가 특정한 경력을 가지는 것 못지않게 중요하다고 생각한다. 아무리 재능 있는 직원이라 할지라도 회사가 편안하지 않다면 그 기여도는 제한적일 수밖에 없다. 2013년 엘론 머스크는 SXSW 콘퍼런스에서 이렇게 말하기도 했다.

"보통 제가 저질렀던 가장 큰 실수는 (중략) 누군가의 재능은 지나치게 중시한 반면에 사람 됨됨이에 대해서는 충분히 그러지 못했다는 것입니다."

한편, 구글의 공동창업자인 세르게이 브린은 2008년 포춘지 독자들에게, 주요 관심사가 보수(報酬)에 맞춰진 사람을 고용하는 위험성에 대해 경고한 바 있다.

이쯤에서 여러분은 직원을 고용할 때 이 회사에서 일하는 게 좋고, 뭔가를 창조해 내는 게 좋은 사람을 뽑았다고 확신하고 싶을 것이다. 이 직원들은 주로 돈 때문에 이 회사에 있는 것이 아니다. 물론 직원들이 가치 있는 뭔가를 창조해 낸다면 여러분은 그에 맞는 보상을 해 주고 싶어질 것이다. 정말로 성과를 거두게 되는 순간이니까.

2014년 아우토빌드 TV(AutoBild TV)를 통해 머스크는 달변가답게 자신의 채용철학을 자세히 설명하면서, 현명한 직원채용이 기업가에게 이득이 되는 이유에 대해 명쾌한 답을 내놓았다.

훌륭한 인재를 유치하고 동기를 부여할 수 있는 능력은 기업의 성공에 있어 매우 중요하다. 기업은 제품이나 서비스를 창조해내기 위해 집합한 사람들의 모임이기 때문이다. 이것이 기업의 목표다. 사람들은 가끔 아주 쉽고 단순한 이 진실을 잊곤 한다. 회사에 합류해서 공통의 목표를 향해 함께 일하고 그 목표에 대해 완벽을 추구하는 끈질긴 정신을 가진 훌륭한 인재들을 얻을 수 있다면, 여러분은 훌륭한 제품을 결국 내놓을 수 있을 것이다. 여러분이 훌륭한 제품을 내놓는다면 많은 사람들이 그 물건을 살 테고, 그렇게 회사는 성공할 것이다.

잡스의 가치를 뛰어넘는다는 건 · · · · · · · · · · · · · · ·

면접이란 채용 과정에 일반적으로 들어가는 요소지만 각종 위험을 탑재하고 있기도 하다. 아마도 예상하던 그대로겠지만, 스티브 잡스는 알갱이와 쭉정이를 구별해 내기 위해서 후보자들에게 일종의 정신적 충격을 가했다. 후보자들이 얼마나 빠르게 즉석에서 판단할 수 있는지를 보려고 그는 "다른 사람들에게 어떤 기술을 연구하고 있음을 들키지 않고 어떻게 그 기술을 연구할 수 있을까?"라는 등의 면밀한 질문을 던졌다. 다른 질문들은 좀 더 철학적인 취향이 반영되기도 했는데, "당신은 왜 이 자리에 있는가?"라는 식이었다. 언젠가 그는 별 볼 일 없는 대답을 했다고 생각하는 후보자의 말을 끊고 "그릉, 그릉, 그릉."이라고 중얼거리기도 했다. 이들은 일자리를 얻지 못했다.

브랜드를 구축하라

"버진이 세상에서 가장 영향력 있는 브랜드라고 말하는 기사를 읽는 것이 즐거운 만큼, 우리 기업의 목표는 가장 믿을 수 있는 브랜드 중 하나가 되는 것이다."

리처드 브랜슨, 《라이크 어 버진(Like a Virgin, 2012)》

회사는 기업가가 일반적으로 사업을 벌이는 법인체지만, 장기적인 성공을 결정짓는 것은 기업의 브랜드가 가진 힘이다. 제프 베조스는 2011년 에디슨 네이션(Edison Nation) 영상 시리즈에서 이렇게 말했다.

"기업의 브랜드란 사람의 평판과 같습니다. 평판을 얻는 건 힘들지만 잃는 건 쉽지요."

하지만 사람들이 그 기업의 개성을 좋아한다면 볼일을 보러 다시 돌아올 가능성이 높아진다. 스타벅스(Starbucks)의 CEO인 하워드 슐츠는 1998년 이렇게 말했다.

"사람들은 회사와 가치를 공유할 수 있다고 믿을 때 그 브랜드에 충성하게 됩니다."

엄청나게 많은 기업들이 소비자는 가격을 가장 우선순위에 놓고 의사 결정을 한다는 가정하에 일을 한다. 분명히 아무도 사고 싶지 않을 정도로 터무니없이 높은 가격을 붙여서는 득이 될 것이 거의 없다. 하지만 여러 소비자 연구들에 따르면, 전반적인 고객만족도는 어디서 사람들이 돈을 쓸지 결정하는 데에 가장 중요한 요소다. 소비자에게 두 가지 세탁 세제를 보여 주었을 때, 이들은 좀 더 비싸다 하더라도 효과가 더 좋다고 알려진 제품을 선택할 가능성이 높다. 또한 브랜드에 대한 신뢰는, 우리가 낯선 도시에 처음 도착했을 때 결국엔 익숙한 패스트푸드 지점을 찾아가게 되는 이유다. 이제 곧 훨씬 즐거운 (하지만 결정적으로 불확실한) 미식(美食)을 경험하게 되리라고 어렴풋이 생각은 하면서도, 패스트푸드점에 가면 정확히 무엇을 먹게 될지 확신할 수 있기 때문이다.

브랜드는 여러분의 기업이 무슨 의미를 가지는지 세상에 전할 수 있는 기회다. 여러분의 회사를 독특하게, 특별하게, 필수적으로 만들어 준다. 왜 처음부터 고객들은 여러분을 찾아오고, 또 계속 돌아와야 할까? 가끔 기업들은 성공적인 브랜딩이란 기억에 오래 남을 이름과 멋진 로고를 가지는 것이 전부라고 생각하는 실수를 저지른다. 물론 이러한 것들도 중요하긴 하지만 이는 훨씬 더 심오한 과정을 거쳐 가장 마지막에 나와야 할 것들이다. 브랜딩은 여러분의 기업과 제품이나 서비스가 나타내는 것이 정확히 무엇인지를 이해하는 문제다. 여러분의 기업은 어떤 문화를 가지고 있는가? 여러분의 장기적인 목표는 무엇인가? 고객층의 욕구에 어떻게 부합하는가? 이러한 질문들에 답할 수 있어야만 여러분은 그 답을 전달하는 최선의 방식을 생각하기 시작할 수 있을 것이다.

리처드 브랜슨은 물론 현대시대의 가장 뛰어난 브랜드 창시자 가운데 하나다. 1960년대에 10대 청소년이었던 브랜슨은 학생들을 대상으로 연예인 인터뷰로 가득 찬 잡지를 창간하면서 기업가로서의 인생을 시작했다. 그는 우선 음반 통신판매회사로 출발해 그 이후 음반회사까지 세우는 등 몇 년 안에 사업적인 관심을 확장해 나갔다. 브랜슨은 자기 회사에 '버진(Virgin, 무경험자)'이라는 이름을 붙였다. 그와 그의 애송이 직원들이 사업의 세계에 실질적으로 처음 뛰어든 신참이라는 것이 주된 이유였다. 순수함과 유머, 그리고 약간의 개성을 동시에 이끌어 내는 영리한 작명이었다.

10년 안에 브랜슨의 음반회사는 마이크 올드필드, 롤링 스톤즈, 그리고 섹스 피스톨즈 같은 가수들과 계약에 힘입어 엄청나게 커졌다. 그 이후 브랜슨은 완전히 새로운 사업부문에 뛰어들었고, 항공사, 호텔, 라디오 방송국, 음료수 회사와 우주관광에 이르기까지 모든 영역을 아울렀다. 오늘날 그는 수십 개 국가에서 수만 명의 직원들을 고용하고 있지만 버진 브랜드는 꾸준하게 유지한다. 2008년에 쓴 저서 《비즈니스 발가벗기기》를 보면 브랜슨이 자기 브랜드가 무슨 의미를 가지는지를 뚜렷하게 인식하고 있음이 명확히 드러난다.

"버진 브랜드는 여러분이 융숭한 대접을 받을 것이며, 높은 품질이지만 통장 잔고는 크게 줄어들지 않는 그런 제품을 가지게 되며, 돈을 지불하는 대상이 무엇이든 간에 구매를 통해 여러분이 기대하는 것보다 더 많은 재미를 누리게 되리라는 보증이다. (중략) 그 어떤 브랜드도 버진이 하는 방식대로 '라이프스타일'이 되지 못했다."

진짜 위대한 브랜드들이 어떻게 변하지 않는 근본적인 가치라는 의미인 불변성(不變性)을, 변화하는 환경과 조건에 맞춰 진화하고 적응할 수 있는 능력에 결합하는지 보여 주는 구체적인 사례가 바로 버진 브랜드이기도 하다. 버진 브랜드는 반세기에 이르는 역사에도 불구하고 브랜슨이 앞서 언급한 가치들과 발맞춰 현대적인 감각과 개성을 유지해 나가고 있다.

또 다른 사례로는 맥도널드가 있다. 그 유명한 '골든 아치(Golden Arch)'는 맥도널드가 21세기 식당에 걸맞은 메뉴를 제공해야 한다는 도전에 맞춰 변화하면서도 예측 가능하고 믿을 수 있는 고객 경험을 선사한다는 약속을 의미한다. 나이키와 스타벅스를 위해 일해 온 광고 및 마케팅 장인인 스콧 베드 버리는 다음과 같이 말했다(이 말은 이드리스 무티가 2013년에 펴낸 《60분 브랜드 전략가: 마케팅 전문가들을 위한 브랜드 필독서》에서 인용됐다).

"훌륭한 브랜드는 결코 온전히 말로 옮길 수 없는 이야기다. 브랜드는 어떤 아주 심오한 존재와 연결되는 은유적인 이야기로, 근본적으로는 신화를 이해하는 것과 같다. 그 이야기들은 사람들이 더 큰 경험을 하기 위한 감정적인 맥락을 만들어 낸다."

여러분이 표현하고 싶은 정체성과 가치가 분명해지면, 이제는 이를 기억에 남는 방식으로 어떻게 표현할 것인지를 알아낼 차례다. 이쯤에서 여러분은 아마도 브랜드 전문가들과 함께 여러분의 기업을 요약해서 보여 줄 이름과 로고에 대해 고민할 것이다. 여러분은 회사의 이름과 비주얼이 (비자나 마이크로소프트처럼) '본격적으로' 제품이나 서비스를 명확하고 정확하게 반영하길 바라는가? 또는 (나이키와 그 유명한 스우시처럼) 뭔가 멋지고 포부 넘치길 바랄 수도 있고, 아니면 (KFC의 커넬 샌더스 아저씨처럼) 아늑하고 따스하기를 원할 수도 있다. 이름과 관련해서는 언제나 아주 편하게 발음할 수 있으면서(사람마다 다르게 발음하게 되는 이름이라면 브랜드를 유지하기 쉽지 않다) 국제적으로도 번역이 가능한지 살펴볼 필요가 있다. 롤스로이스는 한때, '실버 미스트(Silver Mist)'라는 모델명이 독일어로는 비속어로 번역되는 바람에 곤란에 빠진 적도 있으니까![2]

마지막으로, 여러분의 메시지를 전달하기 위해 브랜드를 이 세상에 잘 드러내도록 하자. 가끔 기업가 자신도 브랜드의 빼놓을 수 없는 일부가 될 수 있다. 브랜슨이 바로 그런 경우다. 그는 몇 년 동안 버진이라는 이름을 든든하게 키우기 위해 자신의 유명세를 교묘하게 이용해 왔다. 예를 들어, 1980년대와 1990년대에 브랜슨은 여러 차례 열기구 운행 신기록을 세우는 등 세간의 이목을 끌면서,

2. 미스트Mist는 독일어로 쓰레기, 먼지 등을 의미한다. 따라서 후에 롤스로이스는 실버 미스트 모델명을 실버 섀도로 변경했다_옮긴이

버진이 브랜슨과 마찬가지로 남들과 똑같지 않은 틀에서 탄생했으며 야심 넘치고 기꺼이 위험을 무릅쓰는 브랜드라는 생각을 환상적인 방식으로 불러일으켰다.

"좋은 PR 스토리란 한 장을 가득 채운 광고보다 단연코 훨씬 효과적이며, 짜증 나게도 훨씬 싸다."

브랜슨은 《비즈니스 발가벗기기》에서 이렇게 썼다. 이와 유사하게, 제이 지와 비욘세가 자기네 사업의 가장 영향력 있는 브랜드 전도사로 활동하기 위해 유명세를 어떻게 이용했는지 떠올려 보자. 제이 지는 이렇게 말하기도 했다.

"나는 사업가가 아니야. 내 자체가 사업이라고, 맨!"

또한 현대의 기업들은 브랜드를 전달하기 위해 사용할 수 있는 다양한 매체 플랫폼을 사용하는 법을 배워야만 한다. 잡지 표지, 거리 간판과 라디오 광고는 그 입지가 여전하지만, 인스타그램 포스트와 유튜브 영상들도 상당한 입지를 확보하고 있다. SNS의 접근성(과 거의 즉흥적으로 포스팅을 할 수 있는 기능) 때문에 기업가들은 브랜딩이 지속적인 실천임을 그 어느 때보다 확실하게 인식해야 한다. 무례한 직원, 또는 사전에 준비되지도 않고 회사의 노선에서도 벗어난 코멘트는 생각할 여지도 없이 곧장 브랜드에 회복할 수 없는 손상을 입히게 된다. 여기서 다시 한번, 브랜슨은 2008년 10월 7일 자신이 운영하는 '리처드의 블로그(Richard's Blog)'에서 다음과 같은 교훈을 전달했다.

"(…) 브랜드는 언제나 뭔가를 의미한다. 여러분의 브랜드가 무엇을 의미하는지 직접 정의내리지 않으면, 경쟁자가 정의해 버린다. 날렵하고 행복하고 창조적인 맥(Mac)을 뚱뚱하고 침울하며 숙맥 같은 PC와 대비해서 보여 주는 애플의 광고는 그런 짓이 얼마나 효과적인지에 대해 여러분이 알아야 할 모든 것을 보여 준다. 경쟁이 없는 상황에서조차 배신을 때리는 브랜드는 아무 생각 없이 있는 회사에 끔찍한 해를 가할 수 있다. 여러분은 얼마나 많은 브랜드들을 '조잡하고', '뒤처졌으며', '아류작'이라고 생각하고 있는가?"

꿈을 팔아라

"이들이 선택하는 것은 위스키가 아니다. 바로 이미지다."

데이비드 오길비, 《광고 불변의 원칙(1983)》

어떤 기업에게 성공적인 브랜딩은 자기네 제품이나 서비스가 시장에서 최고라고 포지셔닝하는 것이다. 예를 들어, 세제의 경우 하얀 옷은 더 하얗게, 밝은 옷은 더 밝게 만들어 준다는 최고의 세탁 효과를 연상시키는 브랜드가 되길 원한다. 어느 한 분야에서 최정상으로 인식되는 브랜드를 만들어 낸 기업은 꽤나 일을 잘하고 있는 셈이며 대부분의 경우에 더 이상 뭔가를 할 필요도 없어진다. 어쨌든 우리는 슈퍼 브랜드의 세상에 살고 있고, 그 브랜드들 중 대다수는 어떤 제품이나 서비스의 특별한 장점을 칭송한다기보다는 소비자가 마음속으로 브랜드와 모든 생활양식 간에 연결고리를 형성하도록 심혈을 기울인다. 그러한 브랜드들은 물건을 팔지 않는다. 여러분이 그 브랜드를 단골로 삼았을 때 삶이 얼마나 좋아지는지 그 꿈을 판다.

위에서 영국의 광고장인 데이비드 오길비가 짚어 낸 포인트가 바로 그것이다.

"위스키를 떠올려 보자. 왜 어떤 사람들은 잭 다니엘을 선택하고, 또 누군가는 그랜드 대드나 테일러를 선택하는가? 이들은 세 가지 모두를 맛보고 비교를 해 봤을까? 웃기지 마시라. 진실은 이 세 가지 브랜드가 다양한 사람들에게 어필할 차별화된 이미지를 가졌다는 것이다. 이들이 선택한 것은 위스키가 아니다. 바로 이미지다. 브랜드 이미지는 증류주 제조사가 팔려는 제품의 90퍼센트를 형성한다."

그는 심지어 소비자에게 (올드 크로우 위스키라고 이야기하며) 올드 크로우를 한 모금 맛보게 한 후 (이번에는 잭 다니엘이라고 이야기하며) 다시 똑같은 술을 한 모금 맛보게 해 보라고 제안하기까지 했다. 그는 사람들이 두 술이 꽤나 다르다고 생각할 것이라고 주장했다.

"사람들은 이미지를 맛보고 있으니까."

가끔 광고 슬로건은 한 브랜드가 '제품 중심적'인지 아니면 열망을 자극하려 하는지를 보여 주는 훌륭한 지표가 된다. 예를 들어, 도메스토스 표백제는 "모든 알려진 세균을 죽입니다. 깡그리다."라는 슬로건을 사용한다. 이 슬로건은 소비자들이 제품의 효과에 대해 알아야 할 모든 것을 이야기한다. "도메스토스를 사용하세요. 그러면 정말로 깨끗한 화장실을 가지게 될 거예요."라고 캠페인은 제안하고, 이는 사람들이 이 제품에 대해 원하는 전부다. 도메스토스를 쓰면 소비자들이 최고 멋쟁이가 된다거나 특별한 인기를 얻는다거나 모든 걱정을 떨쳐 버릴 수 있다거나 혹은 대체로 다른 어떤 면에서 더 나아진 사람이 될 수 있다고 느끼게 해 준다는 게 아니다.

그러나 다른 제품들은 어쨌든 자기 상품을 사용함으로써 여러분이 다르게 느낄 수 있고 기분이 더 좋아질 수 있음을 전달하는 것에 모두 중점을 둔다. 예를 들어 코카콜라 같은 슈퍼브랜드를 떠올려 보자. 몇 년간 코카콜라의 슬로건은 다음과 같았다. '이 맛, 이 느낌(Taste the Feeling)', '대세를 놓치지 마(Catch the wave)' 그리고 '이게 진짜지(It's the Real Thing)' 이 슬로건들은 사실 맛이나 잠재적인 생리적인 이점이라는 측면에서 음료 자체에 대해 이야기하지 않는 대신 감정적인 반응을 일으킨다. 첫 번째 슬로건은 코카콜라를 마시는 사람에게 그들이 갈망하는 '그 느낌'을 준다고 암시한다. 두 번째 슬로건은 햇볕이 내리쬐는 바다 한가운데에서 서핑을 하는 이미지를 떠올리게 한다. 세 번째 슬로건은 이 음료에서 어쩐지 진정성을 느끼게 한다. 한편, 나이키는 또 다른 광고에서 오랫동안 자기 고객층에 '그냥 해 봐(Just Do It)'라고 설득해 왔다. 청중들이 제품의 특정한 속성에 대해 이해할 수 있도록 하지 않는 대신, 나이키를 신었을 때 아직 이루지 못한 목표를 달성하는 데에 도움이 될까 궁금하게 만드는 캠페인이다. 여기에 더해 말보로의 사례도 있다.

말보로는 흡연이 좋은 것인가에 대한 곤란한 문제에서 한 발 비켜서서는, 이 제품을 구입하면 "말보로의 나라로 오세요."가 가능해진다고 암시한다. 말보로의 나라는 모든 남성이 존 웨인풍의 카우보이가 되는 꿈을 실현할 수 있는 곳이다.

리차드 브랜슨은 "그 어떤 브랜드도 버진이 가진 '라이프스타일' 브랜드가 되지 못했다."고 주장했지만, 최근 들어 꿈을 파는 자들의 왕은 단연코 스티브 잡스다. 잡스가 애플의 수장으로 있는 동안 그 고객들은 평범한 소비자라기보다는 브랜드 신도로 보이는 경우가 가끔 있었다. 애플이 개인용 컴퓨터 분야의 패권을 잡기 위해 마이크로소프트와의 씨름에 열을 올리는 것처럼 보이던 당시, 사람들은 이쪽 편 아니면 저쪽 편으로 갈라지곤 했다. 애플 지지자들은 마치 스포츠팬들이 보여 주는 것 같은 열정을 가지고 자기 팀의 운명을 좇았다. 잡스가 애플 군단에 추가될 최신식 기적을 슬쩍 보여 주는 제품 발매는 세계적인 미디어 행사가 됐다. 트레이드마크인 검은 터틀넥 스웨터를 입은 잡스는 넋을 쏙 빼놓는 발표 스타일을 통해 청중들이 마치 미래, 그것도 자신들이 일부가 된 미래를 엿볼 수 있는 양 느끼게 했다. 잡스는 자기 일에 있어서 대가였고, 단순히 최신식 하이테크 기계뿐 아니라 라이프스타일에 대한 엄청난 열망을 파는 사람이었다.

1984년 애플은 슈퍼볼 시합 중간에 획기적인 광고를 집행했고, 그 자체로 엄청난 의지의 표명이 됐다. 애플은 자기네 컴퓨터가 예전과 달리 대량 판매를 위한 제품이라는 신호를 보내고 있었다. 컴퓨터는 더 이상 기업이나 기계 덕후들만을 위한 영역이 아니라 슈퍼볼 경기를 보는 평범한 사람들을 위한 것이라는 의미였다. 광고는 즉각적으로 고전이 됐다. 조지 오웰의 디스토피아적인 명작 《1984》를 바탕으로 할리우드의 거장 리들리 스콧(그의 필모 중에는 전설의 블레이드 러너도 있다)이 감독한 단편영화였다. 여성스러운 모습의 여주인공이 매킨토시 컴퓨터의 그림이 찍힌 옷을 입고 오웰적인 풍경 속을 달려오다가 빅 브라더가 등장한 화면을 박살 내는 모습이 방송됐다. 그리고 "1984년이 왜 조지 오웰의 《1984》 같지 않은지 알게 될 겁니다."라는 슬로건이 뜬다. 그 뒤에 숨은 뜻은 복잡하지만 명확했다. 애플 고객은 천생 반항아이자 자유의 투사이고, 더 나은 미래를 추구하는 자이며, 절대로 이 회사의 '빅 브라더적인' 라이벌들과는 다르다는 의미였다.

"애플을 사거라."

광고는 이렇게 제안한다.

"인생과 주변 세상에 대한 여러분의 태도를 위협하는 컴퓨터는 사지 말지니."

이는 엄청나게 효과적인 판매 전략이었고, 잡스가 커리어를 통틀어 지켜 온 전략이기도 했다. 예를 들어, 아이코닉한 아이팟 캠페인에는, 눈에 잘 띄지 않는 이어폰으로 자신이 선별한 음악을 즐기는 사람의 실루엣이 등장한다. 자세한 제품 사양은 거의 드러나지 않지만 메시지는 확실했다. 이 제품을 사서 혼자만의 음악 세계로 탈출하라는 것이었다. 이 캠페인에서 애플이라는 브랜드는 최소한으로 등장했지만 모두가 이 제품이 어느 회사의 것인지 알았다. 그리고 오늘날까지 애플 캠페인은 제품의 세부사항에 초점을 맞추는 대신 제품이 여러분의 기분을 어떻게 만들어 주는지에 좀 더 집중하는 경향이 있다. 즉, 꿈을 파는 것이다.

데이비드 오길비는 언젠가 이렇게 주장했다.

"사람들을 지루하게 만들어서는 여러분의 제품을 사게 할 수 없다. 제품을 팔고 싶으면 사람들의 흥미를 자극해야 한다."

여러분의 제품이 원래의 목적대로 작동할 뿐 아니라 그 결과 구매자의 인생을 분명히 더 개선해 줄 것이라고 청중을 설득할 수 있다면, 여러분은 청중의 흥미를 계속 사로잡아 나갈 수 있을 것이다. 저마다의 개별적인 사업이 나아갈 올바른 과정을 결정하는 것은 각 기업가에 달렸다. 모두가 깔끔한 화장실을 원하지만 깔끔한 화장실을 꿈꾸느라 평생을 보내는 사람은 거의 없다. 그럼에도 사람들이 꿈을 채워 나가는 동안 여러분의 기업이 그 꿈에 조금이라도 가까이 데려다주겠다고 확실히 약속한다면, 이는 여러분의 수익에 역시나 도움이 되리라.

과감히 다르게 생각하라 ·

스티브 잡스는 모든 애플의 광고 캠페인 중에서도 가장 뛰어난 작품은 틀림없이 직접 챙겼을 것이다. 1997년부터 2002년까지 진행된 '다르게 생각하라(Think Different)' 캠페인 이야기다. 이 캠페인은 이 회사가 '도른 자, 부적응자, 반항아, 말썽꾼…… 모든 것을 다르게 보는 자들'을 찬양하겠다는 실질적인 성명서였다. 이 캠페인에서는 마하트마 간디, 알버트 아인슈타인, 파블로 피카소, 그리고 마틴 루터 킹 등 애플 제품을 직접 사용하지는 않았지만 (캠페인에서 말하듯) 기회가 있었다면 사용했을법한 아이콘들의 사진을 사용했고, 세상을 바꿀 수 있다고 생각할 만큼 '도른' 자들을 모두 찬양했다. 상업적인 브랜딩과 고상한 포부가 완벽하게 조화를 이룬 이 캠페인은 꿈을 파는 사업가로서는 최고라는 잡스의 명성을 굳혀 주었다.

파괴를 두려워 말라

"파괴하는 자에게 전리품이 돌아가리라."

헤더 사이먼스,
《델 뜯어 고치기: 혁신 명령법(Reinventing Dell: The Innovation Imperative, 2015)》

'파괴적 혁신(Disruptive Innovation)'이라는 문구는 1995년 학자이자 경영컨설턴트인 클레이튼 크리스텐슨이 조셉 바우어와 함께 저술한 논문 '파괴적 기술: 시대적 변화의 흐름을 찾아서(Disruptive Technology: Catching the Wave)'에서 처음 등장했다. 하지만 경영파괴자가 된다는 것은 무슨 의미일까? 간단히 말해서, 현상유지 상태인 스테이터스 쿠오(Status Quo)를 뒤흔들어 놓는다는 의미다. 파괴자는 새로운 제품이나 서비스를 내놓거나, 심지어 기존의 일을 해내는 새로운 방식을 만들어 내는 기업가로, 파괴자의 아이디어는 결국 시장에서 기존의 것들을 대체하게 된다. 헤더 사이먼스는 이렇게 썼다.

“산업을 파괴하는 자는 소비자 행동을 변화시키고 경제를 바꿔 놓으며 인생을 개조한다.”

파괴자들은 모든 분야에 존재할 수 있고 존재하지만 21세기 가장 유명한 기업 파괴자들 중 다수는 IT 분야에서 나왔다. 빌 게이츠가 어떻게 컴퓨터 분야의 형세를 바꿔 놓았는지, 마크 주커버그는 어떻게 우리가 다른 사람들과 연결되는 방식을 변화시켰는지, 제프 베조스는 어떻게 우리가 몇 세기 동안이나 물건을 사던 방식을 바꿔 놓았는지, 혹은 스티브 잡스가 음악을 듣거나 전화를 사용하는 방식을 어떻게 바꿨는지 생각해 보자. 우리는 파괴의 황금기를 살아가고 있음이 틀림없다. 그러한 파괴는 제대로 대응할 줄 모르는 기업들에게는 확실히 괴로운 일이다. 하지만 한 기업이 사그라지면 다른 기업이 피어나고, 소비자는 새로운 파괴자가 이끌어 내는 이 모든 발전에서 자연스레 이득을 얻게 된다. 엘론 머스크는 2012년 팬도먼슬리(PandoMonthly)에서 이렇게 말했다.

“특정 분야, 이를테면 자동차나 태양열, 우주 같은 분야에서 새로운 참가자를 보기 어려울 겁니다. (중략) 하지만 정말 그 무엇보다도 혁신을 이끌어 가는 것은 새로운 참가자입니다.”

그러나 위에 언급한 인물들이 정신없이 다양한 영리적 활동의 소용돌이 한가운데에 있다 하더라도, 파괴적 기업가는 일반적으로 변화가 천천히 찾아온다는 사실을 기억하는 게 좋겠다. 소비자들이 보기에는 눈 깜짝할 사이에 이뤄진 발전이라 하더라도 보통은 몇 년에 걸쳐 이뤄진 혁신에서 비롯된다는 것이다. 예를 들어, 1980년대 마이크로소프트와 애플이 거둔 초특급 성공은 그 수장들이 쏟아 낸 노력과 경험을 바탕으로 세워졌다. 반면에 아마존은 유통업의 문화를 바꿔 버렸으면서도 창업 이후 사반세기 동안 전통적인 유통 모델들의 도전에 계속적으로 직면하고 있다. 페이스북도 여전히 전화와 이메일이 내놓는 도전장을 뿌리치지 못하고 있다(심지어 재래식 우편제도조차 일부 사람들이 예상했듯 완전히 사라지지 않았다). 그러니 여러분의 기업이 파괴자가 되고 싶다면, 회복탄력성과 많은 인내심이 필요할 것이다.

파괴적 혁신의 개념은 클레이트 M. 크리스텐슨이 가장 처음 탄생시켰지만 그 뿌리는 좀 더 예전까지 거슬러 올라갈 수 있다. 특히나 20세기 초반 오스트리아의 경제학자인 조셉 슘페터가 주장한 아이디어와 겹치는 부분이 상당히 많다. 1942년 대표작인 《자본주의, 사회주의, 민주주의》에서 슘페터는 '창조적 파괴의 돌풍'에 대해 '내부로부터 끊임없이 경제적 구조의 대변혁을 일으키는 산업적 돌연변이이며, 끊임없이 옛 구조를 파괴하고 끊임없이 새 구조를 만들어 낸다'라고 썼다. 다시 말해, 경제(와 사회)는 오래된 일의 방식을 대체할 새로운 아이디어를 제시함으로써 발전한다. 그 후 슘페터는 자신의 아이디어를 부분적으로 칼 마르크스에게서 가져왔다. 마르크스는 모든 인간의 역사란 한 경제모델이 다른 경제모델을 전복시키는 과정이라고 여겼다(물론 마르크스는 자본주의가 공산주의로 인해 무너져 버리는 운명이라고 믿었다. 오늘날에는 그럴 가능성이 없어 보이지만).

인터넷 혁명이 가장 최근에 대규모로 일어난 파괴적 혁신(또는 그게 아니라면 창조적 파괴)의 시도라고 할 때, 여러 가지 의미에서 이는 18세기와 19세기 산업혁명과 닮아 있다. 사실 산업혁명은 여러 측면에서 훨씬 더 극적이었다. 지역의 소규모 사업이 대규모 산업으로 변화하면서, 단순히 어느 지역의 동네나 마을에서 벗어나 나라와 대륙 전체에 한꺼번에 재화를 제공하게 되는 결정적인 움직임을 보인 사건이었다. 산업혁명은 (좋든 나쁘든 간에) 세계화 시대를 예고했고, 여러 국가에서 공동체 전체가 농촌으로부터 도시 지역으로 이주하는 모습을 보였다. 많은 역사학자들은 여전히 산업혁명에서 현대사회가 탄생했다고 여기고 있다. 이 모든 과정은 경제적 성공과 기업가들의 파괴가 오랫동안 함께해 왔음을 보여 준다.

물론 모든 기업가들이 옛 시스템의 파괴와 새로운 시스템의 창조에 관심을 가지는 것은 아니다. 여러 기업가들은 그저 기존의 시장에 터전을 마련하는 것만으로도 만족스러워하지만, 그러한 경우에도 시장의 다른 행위자들이 무슨 일을 하고 있으며 더욱 발전하고 차별화되기 위해 어떤 노력을 하는지 살펴보는 것이 필수적이다. 어떤 파괴는 심오하다. 아마존의 유통모델이나 헨리 포드의 움직이는 조립 라인을 떠올려 보자. 하지만 다른 파괴는 좀 더 감지하기 힘들면서도 그 효과는 훨씬 더 점진적으로 커질 수도 있다. 디지털미디어 혁신가이자 《부의 추월이 일어나는 파괴적 혁신》의 저자인 제이 새밋은 이렇게 썼다.

"파괴자들은 새로운 뭔가를 발견할 필요가 없다. 이들은 그저 새로운 발견들을 실용적으로 활용할 방법을 발견하면 된다."

아무런 파괴도 없다면 소비자는 굳이 자기들이 이미 알고 있는 회사에서 새로운 기업으로 바꾸려 하지 않을 것이다.

따라서 모든 기업가주의정신은 적어도 파괴성의 씨앗을 심을 수 있어야 한다. 사업은 기존의 시장에 들어가 파괴하는 것(혹은 좀 더 드물지만 완전히 새로운 시장을 만들어 내는 것)을 목표로 삼지 않는다면 무의미해질 수도 있다. 그럼에도 다행히도 '이 구역의 신참' 기업가는 이미 그 자리에 와 있던 기업가들보다 훨씬 더 큰 파괴능력을 지녔으며, 이는 확실한 장점이 된다. 크리스텐슨은 이에 대해 다음과 같이 말했다.

"기존의 회사들이 파괴적 혁신을 기회로 삼기가 그토록 어려운 이유는, 이들이 현재 사업에서 성공하게 해 준 과정과 사업모델 때문에 파괴를 위한 경쟁에서 불리해지기 때문이다."

1870년대 크리스토퍼 숄즈는 상업적 파괴를 일으켰고, 이 파괴는 곧장 이 세상을 연속적인 변동으로 밀어 넣지는 않았지만 심오하고 지속적으로 영향을 미쳤다. 당시 사용하던 타자기를 개선하고 싶었던 그는 오늘날까지도 우리가 사용하는 쿼티(QWERTY) 키보드를 만들어 냈다. 자주 사용하는 글자가 너무 가까이 붙어 있으면 키가 엉켜 버리는 흔한 문제를 극복하기 위해 특별히 디자인된 제품이었다. 숄즈 자신은 이 파괴적 행위가 '짧게 빛을 보고 말 것'이라고 믿었다. 하지만 심오한 변동이라고 해서 반드시 엄청난 규모일 필요는 없다.

물론 일부 기업가들은 엄청난 규모의 파괴를 절대적인 목표로 삼을 수도 있다. 잡스나 머스크 같은 기업가는 소소한 잔물결을 일으키는 것만으로 만족하려고 시장에 진입하는 게 아니다. 이들에게는 중대한 파괴가 핵심이 된다. 2013년 SXSW 콘퍼런스에서 머스크는 직접 이렇게 말하지 않았던가.

"저는 여러분이 하는 일이 파괴적 변화를 낳을 것인지 아닌지에 대해 생각해 볼 만하다고 분명 믿습니다. 단순히 점진적으로 일어나는 파괴는 뭔가 중대한 성과를 낼 가능성이 낮습니다. 예전에 벌어졌던 일보다 실질적으로 더 나은 일이 되어야만 합니다."

올바른 소리를 찾아서

음악업계는 최근 들어 파멸적이거나 파괴적인 혁신에 관해 가장 두드러진 사례의 중심에 서 있게 됐다. 그 핵심은 새로운 기술, 즉 인터넷을 통한 파일 공유였다. 이러한 공유가 처음에는 불법이었으나 이를 감시하기가 불가능해지고, 그래서 CD나 레코드판 같은 물리적 음악 형식의 엄청난 판매 감소를 막을 수 없게 되자, 업계는 여기에 순응하고 아이튠즈나 스포티파이 같은 합법적인 파일 공유업체와 함께 일하게 됐다. 오늘날 업계 수익의 절반 이상은 다운로드와 스트리밍에서 나온다.

규모를 키워라

"저는 변화나 성장이 가장 재미있어요.
(중략) 사업을 시작하는 일은 모터보트와 비슷해요.
진짜 빨리 달리다가 빨리 방향을 돌릴 수도 있으니까요."

토니 셰이, 자포스닷컴 CEO(2009년)

지금까지 봤듯이 그 어떤 사업도 온전히 완성된 상태로 생겨나지 않는다. 모든 사업은 첫 번째 고객이나 의뢰인에서 시작하며, 모든 성공한 기업은 당연히 성장기를 거쳐야만 한다. 이러한 방식으로 기업가는 자기 사업이 '그저 그렇게 될 수도 있었던' 상태에서 벗어나 순식간에 성공을 거두면서 규모를 확장해 나갈 준비를 하게 된다.

사업의 성공을 규모로만 판단해야 한다는 이야기는 아니다. 어떤 기업가는 비교적 작은 규모를 유지하기를 선호한다. 지나치게 규모를 확장하는 경우 의뢰인의 요구에 충분히 맞춰 주는 능력이

훼손될 수 있기 때문이다. 또는 자신의 사업모델이 지역적인 수요는 만족시킬 수 있지만 광범위하게 복제하기에는 알맞지 않기 때문일 수도 있다.

하지만 이러한 유형의 기업가조차 사업이 발전해 나가길 바라면서, 생산량을 확대하고 수익을 극대화하기 위해 투입량을 늘린다. 그리고 상업계의 거물이 되고 싶은 사람이라면 사업을 확장함으로써 지역기업에서 전국적인 기업, 더 나아가 궁극적으로는 국제적 무대의 주인공이 되는 것을 생각해 볼 필요가 있다. 이 과정을 성공적으로 마치려면 다음과 같은 네 가지 기본요소들을 항상 명심하도록 하자.

- 크게 되고 싶다면 크게 생각하자. 여러분의 사업이 그럭저럭 꾸려져 나가는 것에 만족해도 괜찮다. 하지만 일인자가 되길 원한다면 일인자의 마음가짐이 필요하다. J. C. 페니 백화점의 창업자인 제임스 캐시 페니는 이렇게 말했다.
  "성장은 그저 우연히 이뤄지지 않는다. 이는 함께 일한 능력들의 결과다."

- 우선, 무엇이 여러분의 사업을 확장시켜 주는지를 잊지 말자. 맥도널드 제국을 세운 레이 크록은 본래 고객들이 이 회사의 제품을 좋아하게 만든 기준을 유지하는 것의 중요성을 깨달았다. 그는 이렇게 말했다.

"우리는 매일매일 고객들이 사랑하는 음식을 제공합니다. 그러면 사람들은 그저 그 음식을 더 먹고 싶어 하게 되죠."

- 여러분의 회사가 겪을 성장통에 대비하자. 확장은 피할 수 없는 문제들을 불러일으키지만 기업가는 회사가 이에 대비할 수 있도록 무엇이든 해야 한다. 예를 들어, 여러분의 IT 시스템이 더 높은 수요를 감당할 만큼 탄탄한지, 공급망이 가동할 준비가 됐는지, 또한 몇몇 피할 수 없는 문제를 처리하기 위해 현금유동성을 충분히 보유하고 있는지 확인하자. 미국 의료기술기업인 테라노스가 몰락한 이야기는 복잡하지만, 이미 전설이 됐다. 테라노스가 실패한 근본원인 중 하나는 아주 기본적인 것을 갖추기도 전에 확장하려는 욕망을 품었기 때문이었다. 다시 말해, 시장에 약속했던 대로 효율적이고 규모 조절이 가능한 식의 혈액 검사 시스템을 미처 갖추지 못했던 이 회사는 자신의 능력보다 앞서 나갔다.

- 앞으로 어떻게 전개될 것인지 예측해 보자. 이는 특히나 금융과 사업의 세계에서는 전혀 쉽지 않은 문제이며, 잘 알려진 대로 예측이란 정확하지 않은 과학이다. 그럼에도 불구하고 최소한 단기적으로나 중기적으로 무슨 일이 벌어질 것인지 탄탄한 분석을 바탕으로 계획을 세우지 않는다면 실패는 거의 피할 수 없게 된다. 적어도 그러한 과정을 거친다면 앞으로 마

주할 가능성이 높은 장애물에 집중할 때 도움이 될 것이다.

2011년 크럼브스 베이크 숍(Crumbs Bake Shop)의 소유자들이 (2003년에 시작한) 이 기업을 6천 6백만 달러에 사들인 다음에 한 행동을 그대로 따라 하지 않도록 하자. 3년 만에 크럼브스의 주가는 13달러에서 0.15달러로 곤두박질쳤다. 이 기업이 몰락한 이유는, 컵케이크의 인기가 기하급수적으로 높아질 것처럼 보였지만 언젠가는 끝나 버릴 것임을 깨닫는 데에 실패했기 때문이다.

레이 크록과 맥도널드의 사례는 모든 야심찬 기업가들에게 교훈을 안겨 준다. 역사상 가장 위대한 규모 확장의 사례이기 때문이다. 게다가 맥도널드는 크록이 직접 세운 회사도 아니었다. 본래의 맥도널드 식당은 캘리포니아 샌버너디노에서 형제인 딕과 맥 맥도널드가 운영하는 테이크아웃 햄버거 식당으로, 불필요한 부분은 생략하고 셀프서비스로 운영되고 있었다. 메뉴는 단순했다. 햄버거와 감자튀김, 밀크셰이크가 전부였고, 모든 음식은 조리 라인을 거쳐 고객들에게 신속히 배달됐다. 쉰 몇 살의 밀크셰이크 믹서 영업사원이었던 레이 크록은 어느 날 이 가게에 들렀다가 깊은 인상을 받았고, 식당을 가득 채운 행복한 얼굴들을 눈여겨보기 시작했다.

또한 그는 이 가게가 엄청난 돈을 벌고 있다는 것도 알게 됐다. 따라서 크록은 이 가게를 체인으로 확장한 다음 각 지점이 본점의 기준을 그대로 따라 한다면 부자가 될 수 있을 것이라고 상상하기 시작했다. 그는 용기를 내어 맥도널드 형제를 만났고 자신과 파트너십을 맺을 생각이 없는지 물었지만 이들에게는 그럴 생각이 없었다. 지금 그대로의 사업만으로도 행복했던 형제는 추가적으로 노력을 해서 식당을 확장하고 싶은 큰 욕망이 없었다.

그럼에도 크록은 단념하지 않았다. 맥도널드 형제에게는 꼭 그래야 한다는 마음이 없었더라도 크록 자신은 그럴 마음이 분명 있었으니까. 그는 식당의 이름을 라이선스로 등록하고 음식 조달 모델을 베끼게 해 달라고 협상을 했고, 그다음에는 프랜차이즈 가맹권을 판매할 준비를 했다. 하지만 크록은 일부 프랜차이즈 사업이 가맹점의 돈만 신나게 빼낸 뒤 내버려 두는 것과는 달랐다. 샌버너디노 모델이 그 특성을 모두 유지한 채 규모를 키우는 것에 장기적인 성공 여부가 달렸음을 인식하고 있었다.

일관성이 관건이었다. 고객들은 어느 맥도널드에 가든지 똑같은 수준의 음식과 서비스를 기대해도 되는지 알고 싶어 했다. 모든 식당이 똑같은 품질의 재료를 사용하고 동일한 과정을 거쳐 햄버거, 감자튀김, 밀크셰이크로 만든다는 것을 보장하기 위해, 크록은 다리가 세 개인 의자처럼 생긴 프랜차이즈 모델을 하나 그려 냈다. 맥도널드의 중심조직이 첫 번째 다리라면, 가맹점이 두 번째, 그리고 공급자가 세 번째 다리였다. 그는 예비 투자자들에게 이렇게 말했다.

“여러분을 위한 사업이지만, 혼자 하는 사업이 아니지요.”

크록은 사업이 확장되는 동안 엄청나게 많은 규칙들을 요구했다. 햄버거 만들기는 '맥도널드 방식'을 자세히 다루는 75페이지짜리 매뉴얼로 명문화됐다. 그는 자서전 《사업을 한다는 것》에서 다음과 같이 밝혔다.

"맥도널드는 사람들로 이뤄진 사업이다. 그리고 여러분의 주문을 받을 때 카운터 소녀의 얼굴에 떠오르는 그 미소는 우리의 이미지에서 필수적인 부분이다."

3년 동안 맥도널드는 크록 덕에 몸집을 키워 가면서 수억 개의 햄버거를 팔아 치웠다. 1963년 그 숫자는 10억에 도달했고 1974년 이 기업은 미국 전체 철강 산업보다 더 큰 가치를 지닌 것으로 평가됐다. 크록은 자기 회사가 '그 누구보다 햄버거 사업을 진지하게 받아들인 것'을 자랑스러워했다. 그는 회사가 제자리에 머무는 것을 절대 용납하지 않았다. 그는 이렇게 말했다.

"우리가 덜 여문 동안에는 계속 자랄 수 있어요. 무르익자마자 썩기 시작합니다."

또한 최근에 와서는, 주커버그가 이와 비슷한 궤적에 따라 페이스북을 만들어 냈다. 페이스북은 하버드 학생들을 대상으로 하는 변변찮은 SNS에서 시작해 점진적으로 성장했다. 우선은 다른 아이비리그 대학교를 접수하더니 전국의 대학교와 고등학교까지 확장됐고, 결국에는 세계적인 괴수가 되어 버렸다. 오늘날 페이스북에서는 2억 명을 훨씬 넘는 사용자가 활발히 활동하고 있다.

물론 항해가 언제나 순조로운 것은 아니다. 하지만 SNS 플랫폼에 어떤 비난이 쏟아지는지와 상관없이, 시장을 이해하고 회사가 시장의 요구에 맞출 수 있도록 대비하는 주커버그의 탁월함에 대해서는 의심의 여지가 없다. 분명 그와 페이스북이 했던 모든 일이 잘 풀리지는 않았다. 하지만 다양한 SNS 경쟁자들이 나타났다 사라지는 와중에도 페이스북은 상업적으로 잘못을 저지를 때마다 이에 대처할 수 있을 만큼 탄탄하며, 회사가 성장하기 위해서는 시장의 요구에 계속 부응해야 한다는 사실을 절대 잊지 않는다.

이따금 주커버그 특유의 허세 넘치는 돌발행동을 벌이기는 하지만, 그가 세세한 부분에 관심을 기울이고 여기에 비전을 결합해 페이스북을 키워 온 장본인임을 무시할 수는 없다.

"실리콘 밸리는 단기적인 부분에만 집중하는 경향이 있어요. 저는 그런 점이 마음에 들지 않아요."

그는 2011년 캘리포니아 팔로 알토에서 있었던 와이 콤비네이터 스타트업 스쿨와의 인터뷰에서 이렇게 말했다. 겉보기에 주커버그의 주요동기란, 장기적으로 끝없이 확장되는 무대 위에서 자기 회사를 계속 존재 이유에 걸맞도록 지켜 나가는 것이다. 그는 2010년 ABC의 다이앤 소여에게 이렇게 말했다.

"사람들은 영화 속에서 누가 저에 대해 뭐라고 이야기하는지, 심지어 제가 뭐라고 말하는지도 신경 쓰지 않아요, 그렇죠? 이들은 제가 무엇을 만들어 내는지를 궁금해한답니다."

효율성을 추구하라

"가능한 한 최고의 품질을 지닌 제품을 점점 더 대량으로 생산하기 위해,
가장 뛰어나고 가장 경제적인 방식으로 만들기 위해,
그리고 그 제품들을 시장에 내놓기 위해."

헨리 포드, 《경영의 원리(Business Fundamentals, 1930)》

많은 기업가들이 영세하게 사업을 시작한다. 이럴 때 기업가는 운영의 모든 측면은 아니더라도 상당히 많은 부분을 책임져야 한다. 이들은 운영과정 뒤에 있는 기획자가 되어 초기 아이디어를 내놓고 제안할 제품이나 서비스를 조정하며, 행정업무를 관리하고 인맥을 쌓고 브랜드를 만든다. 또한 접대를 하고 그 밖에도 수많은 부수적인 일들을 해내야 한다.

하지만 사업이 점차 성공을 거두게 되면 이런 식으로 운영을 하는 것이 적절하지 않아진다. 사업이 확장되면 효율성도 증진되어야 할 필요성도 높아진다. 어떤 면에서 소규모의 스타트업 기업

은 효율성에서 더 유리한 반면에, 더 크고 더 체계적인 조직들은 효율성을 획득하기 위해 늘 고군분투하게 된다. 이 책 어딘가에서 보게 되겠지만, 예를 들어 스타트업 기업은 대기업보다 태생적으로 좀 더 빠르게 움직이고 변화하는 시장 환경에 좀 더 유연하게 대응할 수 있다.

한편 덩치가 더 큰 기업에게도 그 나름의 이점이 있다. 예를 들어 대기업은 규모의 경제를 활용할 수 있다. 더 많은 제품을 만들 수 있는 능력이 있다면 가끔은 제품 하나당 더 낮은 가격으로 생산하는 것이 가능해진다. 나란히 서 있는 빵집 두 개를 떠올려 보자. 두 빵집 모두 똑같은 조건을 가졌지만 A 빵집은 오븐을 하나만 설치할 수 있는 자본을 가졌고, B 빵집은 오븐을 두 개 설치할 수 있다. 각 빵집에는 조수가 한 명씩 있었고 A 빵집의 직원들은 하나뿐인 오븐에서 200덩어리의 빵을 굽느라 하루에 다섯 시간을 일했다. 하지만 B 빵집의 직원들은 여섯 시간 동안 400덩어리의 빵집을 만들 수 있었다(양쪽 오븐을 채울 추가적인 반죽을 만드는 데에는 그리 큰 힘이 들지 않았다). 그 결과 B 빵집은 빵 하나를 만드는 데에 A 빵집보다 더 적은 돈을 썼다. 재료와 에너지 비용, 노동 비용에 들어가는 추가적인 비용은 빵을 2배나 많이 만들어 팔면서 생기는 수익으로 재빨리 메워졌기 때문이었다. B 빵집은 생산의 측면에서 사업이 좀 더 효율화되어 있었기 때문에 더 큰 성공을 거둘 수 있었다.

여러분의 기업이 계속 성장하면서도 능률적인 상태가 유지되는지 확인할 수 있는 다양한 방식들이 있다. 예를 들어 이런 방법을 생각해 보자.

- '모범사례' 모음집을 발간하고 정기적으로 검토하자. 이 방식으로 여러분 자신이 준수하는 동일한 기준에 맞춰 직원들이 일하고 있는지 확인할 수 있다.
- 새로운 기술이 여러분 사업의 효율성을 개선하는 것에 도움이 되는지 검토해 보자.
- 직원들이 지속적으로 자신의 지식을 새로이 갱신하고 업데이트할 수 있도록 효과적인 교육제도를 도입하자.
- 사업이 잘되고 있을 때에도 빼야 할 군살이 있는지, 머지않아 매끄러운 회사 운영에 장애물로 작용할 뭔가가 있지 않는지 언제나 찾아보도록 하자.
- 외부인의 의견을 들어 보자. 여러분만큼 여러분의 사업을 잘 아는 사람은 없을 테지만 멘토나 독립적인 제삼자는 여러분에겐 어쩌면 보이지 않는 잠재적인 방해꾼을 잡아 낼 수 있다.

가끔 기술적인 발전이 효율화의 핵심이 되기도 한다. 전화기와 타자기는 성공적인 조직들이 일하는 방식을 완전히 바꿔 놓은 두 가지 발명품이다. 좀 더 최근에는, 인터넷 혁명 덕에 여러 재빠른 기업가들이 자신들의 비즈니스 아이디어를 능률적으로 만들어서 현대 소비자들에게 적합한 모습을 갖출 수 있었다. 예를 들어, 제프 베조스는 전통적인 유통 모델을 가져와서 전자상거래 시대에 맞게 다시 뜯어고쳤다. 그 과정을 통해 세계에서 가장 부유한 사람 가운데 하나가 됐다. 하지만 조금만 더 거슬러 올라가면, 역사상 그 누구보다 공업생산을 효율화하는 데에 크게 이바지한 어느 남성을 만날 수 있다. 바로 헨리 포드다.

기업가로서 포드의 꿈은 터무니없이 단순하고 놀라웠다. 자동차를 소유한다는 것은 사회에서 가장 부유한 사람들만 즐길 수 있는 호사였던 시절에, 포드는 평범한 노동자들도 살 수 있을 만큼 싼 가격에 자동차를 대량생산하는 꿈을 품었다. 그는 모델 T를 출시하면서 이 목표를 달성했고, 모델 T는 몇십 년 동안 세계에서 가장 잘 팔리는 자동차로 자리 잡았다. 하지만 이를 시장에 내놓기 위해 포드는 완전히 새로운 생산 방식을 생각해 내야만 했다.

모델 T는 1908년 825달러에 출시됐다. 업계의 주요 경쟁업체보다는 훨씬 쌌지만 길거리에서 볼 수 있는 평범한 남녀에게는 여전히 너무 비쌌다. 초기 판매량은 꽤나 괜찮았지만 포드는 자신이 갈망하는 판매량을 달성하기 위해서는 가격을 대폭 깎아 내려야 한다는 것을 깨달았다. 그렇다고 기술, 품질을 타협하고 싶지는 않았던 포드는 다른 디자인적인 면을 단순하면서도 실용적으로 유지했다. 그는 자신의 구매자들이 롤스로이스에 맞먹는 호화로움을 기대하지 않는다는 것을 파악하고 있었다. 여기에서 그의 유명한 말이 등장한다.

"검은색 차를 만들면 고객들은 자기가 원하는 아무 색으로나 차를 칠할 수 있잖아(검은색은 당시 가장 빠르게 마르면서도 가장 싸게 마무리 지을 수 있는 도료였다)."

포드가 등장하기 전 조립라인은 제분소와 양조장, 빵집에서는 쉽게 볼 수 있는 상당히 단순한 생산과정이었지만, 포드는 이를 자동차 생산처럼 복잡한 과정에 최초로 적용한 사람이 됐다. 그때까지 자동차 한 대를 만들기 위해서는 엔지니어로 구성된 한 팀이 한꺼번에 작업했지만, 포드는 그 과정을 완전히 바꿔 버리려는 계획을 가지고 있었다. 그는 자동차가 전문작업자 한 명에서 시작해 다른 한 명에게로 움직이면, 각 작업자는 제작 공정에서 개별적인 부분을 조립하기로 결정했다. 5년의 기간 동안 포드는 84개로 구분된 별개의 공정을 거쳐 자동차를 조립하는 체계를 완성했고, 더 이상 밧줄과 도르래로 된 거추장스러운 장치로 차량을 움직일 필요가 없도록 전기로 움직이는 맞춤형 조립 라인을 세웠다. 1913년 발표된 그의 새로운 시스템은 자동차 생산 시간을 12시간에서 2시간 30분으로 감축시켜 주었다. 1년 내에 모델 T는 미국에서 팔리는 자동차 가운데 절반을 차지하게 됐고, 1922년 자동차 한 대당 가격은 300달러 이하로 떨어졌다.

1930년 저스터스 조지 프레데릭이 쓴 《생산의 철학(A Philosophy of Production: A Symposium)》에서 우리는 포드의 사고(思考)를 들여다볼 수 있다.

"나는 업계에 있던 세월 동안 우리 회사가 어떤 외적인 힘 때문에 손해를 보는 것을 본 적이 없다. 문제는 언제나 우리 회사 자체의 결함 때문에 발생했고, 우리가 그 결함을 찾아내어 고치면 회사는 다시 좋아졌다. 다른 누군가가 무슨 짓을 하든 간에 말이다."

그러고 난 후 포드는 '경영의 근본적인 원칙'이 되어야 한다고 믿은 생각들을 펼쳤는데, 여기에는 이 장(章) 첫 부분에 인용한 이야기들도 포함된다. 그는 이렇게 말했다.

"이러한 원칙들은 모두 '서비스'라는 단어 하나로 요약될 수 있다. 서비스는 사람들이 무엇을 필요로 하는지 발견하고 나서, 방금 제시한 원칙들에 따라 그 필요를 충족시켜 주는 것에서 시작한다."

100년이 흐른 후 엘론 머스크는 자동차 생산 부문에서 포드의 뒤를 따르고 있으며, 언제나 효율성을 달성하기 위해 노력한다는 점에서 포드의 철학을 그대로 반영하고 있다. 머스크의 말이다.

"어떻게 일을 더 잘할 수 있을지 계속 생각하면서 스스로에게 질문을 던져야 합니다."

자신만의 모습으로 우아하게 성장하자

"엄청난 성공기업인 구글은, '타인의 개별 사용금지'라는 언급이 없는 한
개인의 소유물을 상업적 사용을 위해 도용할 수 있도록
지나치게 포괄적인 권리를 주장하고 있다."

미국대학출판부협회(Association of American University Presses) 성명서(2005)

위의 성명서는 구글의 거대한 도서 디지털화 프로젝트에 대한 응답으로 나온 것이다. 구글의 이 계획은 광범위한 온라인 도서관을 만들기 위해 전 세계 도서의 대부분을 디지털 스캔하겠다는 궁극의 목표를 가지고 시작됐다. 지지자들은 이 프로젝트를 역사상 가장 위대한 인문학적 프로젝트 가운데 하나라고 보았지만, 수많은 작가와 출판사들은 더 이상 자기네가 책을 가지고 수익을 얻을 수 없을 것이라고 두려움에 떨면서 존재론적인 위협을 느꼈다. 이 프로젝트는 결국 지루하게 이어지는 비싼 법적 분쟁에 휘말리게 됐다. 약 2천 5백만 권의 책을 스캔하기도 전이었다.

이 프로젝트는 학습과 문화적 중요성을 띤 방대한 자원을 활용할 수 있는 장엄한 시도인가, 아니면 오랫동안 지켜 온 저작권에 대한 기업의 철저한 남용인가? 오늘날에도 여전히 그에 대한 의견은 분분한 상태지만, 여러분이 어떻게 느끼든지 간에 이러한 사례는 야망 넘치는 기업가가 심각한 궁지에 몰릴 수도 있음을 부각해서 보여 준다. 기업가는 더 크게 성공할수록 무모하게 모험을 벌이는 아웃사이더로부터는 멀어지게 된다. 한때 여러분은 공익을 위해 세상을 뒤엎을 수 있는 용기 있는 패배자로 인식됐었지만, 이제 여러분이 하는 행동은 금세 깡패기업이 저지르는 짓으로 재해석되기 시작할 것이다. 둘 사이의 적정선을 걷기란 몹시도 어려운 일이다.

구글의 모토는 '사악해지지 말자'였고 오늘날에도 여전히 이 기업의 행동강령 중 일부로 남아 있다. 그러나 구글은 혁신적인 파괴자가 아니라 시장에 자리 잡은 거대기업으로 변화하느라 고군분투하는 과정에서 여러 차례 공격을 받아야만 했다. 몇 년간 구글과 다른 여러 실리콘밸리 거인들은 독점금지 제정법과 저작권법을 위반하거나, 전 세계의 정치적으로 민감한 국가에서 검열을 행했다거나, 고객 데이터를 악용하고, 노동협약을 남용하거나 탈세를 했다는 등의 혐의로 여러 차례 고발당했다.

이러한 기업들이 아웃사이더이자 파괴자라는 역할로부터 벗어나는 과정 중에 겪는 문제들은 2018년 3월 17일자 옵저버(Observer) 신문에 실린 사설에 잘 요약되어 있다. 페이스북이 캠브리지 애널리티카(Cambridge Analytica) 사건에서 맡은 역할이 폭로된 직후에 발표된 글이다(이 장 마지막에 실린 사례를 보자).

"페이스북이 공개기업이 된 직후 그 창업자는 '빠르게 움직이고 틀을 깨부숴라'라는 유명한 말로 직원들을 독려했다. 물론 이 말은 어느 해커의 수사(修辭)이며 그것 자체로는 감동적이리만큼 순수하다. 페이스북이 깨부숴야 할 틀 가운데 하나가 자유민주주의가 될 수도 있다는 것은 아마도 주커버그로서는 절대로 생각지 못했던 일이었으리라. 이제는 그가, 그리고 페이스북이 성장할 때가 됐다."

진정으로 성공한 기업가는 어떻게 해서든 어린 신동에서 벗어나 책임감 있는 성인으로 나아가는 길을 찾아야만 한다. 그러면서도 처음에 회사를 이끌어 가던 에너지와 활기를 잃어서도 안 된다.

특히나 전 세계에 영향력을 미치면서 고객 수십억 명을 보유한 기업에게는 더욱 절실한 도전이 된다. 하지만 위로를 하자면, 결코 이러한 도전이 새로 생겨난 것은 아니라는 점이다. 예를 들어 존 D. 록펠러의 사례를 떠올려 보자. 1870년 스탠더드 석유회사(Standard Oil Company)를 세운 그는 미국의 석유산업을 장악했고, 최전성기에는 전미(全美) 석유의 90퍼센트를 쥐락펴락하고 미국 GDP의 2퍼센트에 맞먹는 부를 축적하기도 했다. 록펠러는 사업을 일으키는 과정에서 기술혁신과 기업구조를 잘 활용하기도 했지만 라이벌 기업을 가차 없이 제거해 버리는 것으로도 유명했다. 돌려 이야기하자면, 가끔 그는 합법과 불법의 경계를 아슬아슬하게 넘나들었다. 마침내 1911년 대법원은 그가 독점금지법을 위반했으며 스탠더드 석유회사는 분할되어야 한다고 명했다. 록펠러는 파괴자에서 폐쇄적인 거대기업으로 변해 가는 일을 피할 수 없었다. 따라서 관계당국이 개입해서 다시 한번 시장을 자유로이 풀어 줄 수밖에 없었다. 그의 이야기는 분명 현 세대의 파괴자들에게 교훈을 준다. 프리드리히 니체는 1886년 《선과 악을 넘어서》에서 이렇게 주장했다.

"누구든 괴물과 싸우는 이는 그 과정에서 자기 자신이 괴물이 되지 않도록 주의해야 한다."

운명의 정보

2018년 정치 컨설팅기업인 캠브리지 애널리티카가 페이스북 사용자 수천만 명의 개인정보를 수집해서 정치광고 캠페인을 총괄하는 데에 활용했음이 밝혀지면서 페이스북은 언론에서 큰 파장을 일으켰다. 페이스북이 직접적으로 데이터를 제공하지 않았음에도 불구하고, 개인정보 관리의 취약점을 드러낸 사건이었기 때문이다. 페이스북은 여기서 즉각적으로 영향을 받아 시가총액이 1천억 달러 이상 날아가는 손해를 입고 말았다. 게다가 마크 주커버그는 미국 의회에 소환되어 증언을 해야만 했다.

풍경을 재설계하라

"나는 내가 살고 싶은 세상을 만드느라 평생을 보내고 있다."

집카(ZIPCAR)의 창업자 로빈 체이스, 2013년 가디언지(誌)와의 인터뷰에서

이전 장에서 보았듯, 꿈은 제각기 다른 형태로 나타난다. 어느 기업가는 동네에서 가장 인기 있는 식당을 가지는 꿈을 꾸고, 또 다른 기업가는 아이돌이 쓰는 메이크업 세트를 만들어서 수백만 명의 팬들에게 파는 꿈을 꾸며, 세 번째 기업가는 우주에 도시를 세우는 꿈을 꾼다.

이 모든 꿈은 똑같이 타당하다. 가끔은 좀 더 보잘 것 없어 보이는 야망을 지닌 기업가가 결국에는 가장 행복해질 때가 있다는 것도 사실이다. 동네 식당을 경영하는 자가 수십억 달러를 벌어들이는 기업왕국을 이끌어 가는 유명인보다 어느 모로 보나 즐거운(어쩌

면 훨씬 더 즐거운) 인생을 살고 있을 수도 있다. 이 세상에는 뭔가를 잘 해내서 큰돈을 벌고 싶어 하는 기업가가 있는가 하면, 이와는 대조적으로 사회구조 자체를 바꾸고 싶어 하는 기업가도 있다. 하지만 이번 장에서는 특히나 후자에 초점을 맞추려 한다.

2000년에 차량공유 기업인 집카를 공동 창업한 로빈 체이스는 전 세계적으로 상업적인 풍경을 바꿔 놓는 데에 기여한 이들 중 하나로 꼽힌다. 차량공유의 개념을 미국에 처음 소개한 체이스는, 유럽에서 다양한 차량공유 기업이 성공을 거두는 모습을 보아 왔다. 차량공유는 어떻게 여행할 것인지에 대한 수백만 사람들의 생각을 바꿔 놓는 아이디어이자, 길 위를 다니는 전체적인 차량 수를 줄인다는 점에서 중요한 환경적 이점을 가지는 아이디어이기도 했다. 체이스는 가디언지를 통해 '내가 살고 싶은 세상을 만들어 간다'고 주장한 뒤 그 연장선으로 '고품격 사회(High integrity society)'를 만들어 나가고 싶다고 밝혔다. '고품격 사회란 우리가 라이프스타일의 근원과 영향에 관심을 가지고, 개인과 기업은 서로에게 이롭고 유쾌하게 효율적인 시스템하에서 성장할 수 있으며, 참여하고 관여할 수 있는 기회가 풍부한 곳'라는 것이 그녀의 설명이다. 그렇게 해서 집카는 상업과 더 깊은 사회발전의 사이의 경계에 서게 됐다.

가끔은 판도를 바꿔 놓는 아이디어를 찾아내는 일이 쉽지는 않다. 1854년 엘리샤 오티스라는 사람이 보여 준다는 실험을 구경하기 위해 뉴욕 세계박람회가 열리는 크리스털 팰리스에 어마어마한 관중이 모여들었다. 그는 4층 높이로 매달려 있는 무대 위에 서 있었는데, 이 무대는 달랑 나무로 된 뼈대에 연결된 밧줄 하나로 고정되어 있었다. 잠시 후 칼이 극적으로 움직이며 밧줄을 잘라 냈지만 오티스는 추락해 죽지 않았다. 밧줄이 끊어지는 순간 그가 특허를 낸 안전제동기가 딸깍하며 작동했기 때문이었다. 곧 오티스의 '안전 엘리베이터'에 대한 소문이 퍼졌고, 고층건물에서 층마다 상품과 사람을 옮기기에 알맞은 시스템을 보유하려는 주문이 밀려들었다(제품의 출시를 위태로우면서도 관중들을 즐겁게 해 줄 '이벤트'로 완전히 바꿔 놓은 것은 전설적인 쇼맨 P. T. 바넘의 아이디어였다). 몇 년 후, 오티스의 발명 덕에 엄청나게 높은 빌딩을 짓는 것이 가능해졌고, 오늘날 전 세계의 어느 도시에나 있는 고층 건물에서 하늘 경치를 감상할 수 있는 길을 열었다. 하지만 당시 오티스가 "모두 안전해요, 여러분. 정말 안전하답니다."라고 장담하는 동안 벌벌 떨며 서 있던 뉴욕의 관객들 중 누가 그 함축적인 의미를 깨달았을까.

최근 몇십 년간 실리콘 밸리는 이 세상 그 어느 곳보다 '풍경 전환자(landscape changer)'들에게 보금자리가 되어 주었다. 게이츠, 잡스, 주커버그, 래리 페이지와 세르게이 브린… 기술을 이용해 세상 각국이 어떻게 행동해야 하는지를 철저히 재정립하고 스스로를 돌아보도록 한 이들의 목록은 계속 추가되고 있다. 그중 하나는 아리아나 허핑턴으로, 그녀는 2005년 허핑턴포스트를 창간한 이래 미디어 소비의 특성이 변화하도록 만드는 중추적인 역할을 맡았다. 세계 대부분이 전통적인 언론사에서 활동하는 전문 저널리스트들을 통해 뉴스를 받아 보던 당시, 허핑턴은 새로운 유형의 뉴스 사이트가 나올 수 있다는 가능성을 보았다. 허핑턴포스트는 반은 뉴스 짜깁기(복수의 출처를 가진 뉴스를 연합해 사용자들에게 연결시켜 주었다)로, 또 반은 블로그로 탄생했다. 다양한 목소리(꼭 기존의 저널리스트일 필요도 없었다)에서 나오는 해설기사를 추천했고, 진지한 정치부터 연예, 건강, 기술, 문화와 그 외 다양한 주제들을 아울렀다.

모든 사람이 이러한 처방에 설득당한 것은 아니었지만, 허핑턴은, 기술에 능통한 소비자라는 새로운 세대는 전통적인 신문이나 게시판에 실리는 선택된 기사를 공급받기보다는 자신들이 소비할 뉴스를 직접 기획할 수 있길 원한다는 것을 깨달았다. 허핑턴이 거둔 성공의 핵심은 믿지 않는 자들에게 휘둘리지 않는 결단력이었다. 그녀는 이렇게 말했다.

“우리는 (외부의 비평가들은 물론이거니와) 우리 내면의 비평가들을 믿지 않을수록 더 쉽게 자신의 선택에 자신감을 얻고 스스로가 누구인지에 대해 편안함을 느끼게 된다.”

그렇게 성공을 거둔 이 웹사이트는 2011년 AOL에 3억 달러 이상에 매각됐다. 그 시점에서 허핑턴은 타임과 포브스 같은 ‘가장 영향력 있는’ 잡지의 목록에 빈번히 이름을 올리곤 했다. 틀림없이 그녀는 새로운 미디어 소비의 시대에 맞는 청사진을 제시하는 중요한 역할을 맡고 있었다. 허핑턴이 먼저 걸어간 길을 수많은 이들이 뒤따랐고, 그중 하나로 브라이트바트닷컴(Breitbart.com)이 있었다. 자유적인 가치의 수호자로 널리 인식되고 있는 허핑턴포스트(이제는 허프포스트HuffPost가 됐다)와 함께 허핑턴의 믿음직한 보좌역을 맡았던 앤드류 브라이트바트가 자신의 이름을 딴 극우주의 웹사이트를 열고 도널드 트럼프의 대통령 당선에 이바지했다는 사실은 어쩌면 모순적이기도 하다.

하지만 이러한 모순은 세상을 바꾸는 어렵고도 복잡한 과정에서의 핵심이다. 상업적이고 문화적 풍경을 바꿔 놓는 일은 언제나 뜻밖의 결과를 내놓을 수 있고, 항상 좋은 결과를 가져오는 것도 아니다. 예를 들어, 마크 주커버그는 페이스북을 개발하면서 '세상을 연결'하려는 이 시도 때문에 훗날 자기 회사가 전 세계에 거짓말과 바람직하지 않은 콘텐츠를 전파하는 데에 기여했다는 비난을 받게 되리라고 예측하지 못했다. 칼 벤츠 역시 수정구슬이라도 들여다보면서 자신의 자동차 특허권이 약 한 세기 후에는 지구의 온도를 위험할 정도로 올려놓을 거라고 생각하지는 못했을 것이다. 마찬가지로, 이제 SNS와 연소기관이 하락세를 걷고 있다 하더라도, 이제 와서 이들이 존재하지 않았던 세상을 그려 볼 수 있는 사람이 있을까? 둘 중의 하나만 존재했을 때 전체적인 손익률을 계산하려는 시도를 해 봤자 헛수고일 뿐이다. 우리가 알고 있는 것은 두 현상 모두 근본적으로 인간의 환경을 바꿔 놓았다는 사실이다.

2014년 미국의 TV 제작자이자 작가인 손다 리미스는 뉴햄프셔주 다트머스대학교에서 졸업 연설을 했다.

"꿈은 아름답습니다. 하지만 그저 꿈일 뿐입니다. 무상하고, 덧없고, 또 곱지요. 하지만 여러분이 그 꿈을 꾼다고 해서 바로 현실이 되지 않습니다. 어떤 일이 일어나게 만드는 것은 힘든 일이에요. 변화를 만들어 내는 것은 힘든 일입니다."

이는 사업적인 야망과 자신들이 살아가는 사회의 풍경을 바꿔 놓겠다는 욕망을 모두 품고 있는 기업가들이 공유해야 할 신념이다.

신용이 머무는 곳

프랭크 설리반은 비록 자신의 사업 아이디어가 지대한 영향을 가져오리라고 예측하지는 못했지만 또 한 명의 '게임 체인저(game changer)'로 꼽힌다. 언젠가 식당에서 계산서를 받은 다음에야 자기가 지갑을 놓고 왔음을 깨닫고 창피를 당한 설리반은, 똑같은 실수를 피하기 위해 '다이너스클럽 카드'라는 아이디어를 생각해 냈다. 이는 신용카드의 전신(前身)으로, 소비자들은 예전보다 더 쉽게 돈을 빌릴 수 있게 됐다. 설리반은 구매의 역학을 바꿔 놓았을 뿐 아니라 수십억 소비자들이 무엇을 살 수 있고 언제 그것을 가질 수 있는지 생각하는 방식을 바꿔 놓았다.

멀리 내다보고 게임에 임하자

"인생의 길은 아주 길지만, 빠르게 지나가 버린다."

카를로스 슬림, CARLOSSLIM.COM(1994)

인내심은 많은 기업가들이 반드시 가지고 있는 특징은 아니다. 기업가주의는 사실 그 반대에 가깝다. 기업가주의는 가만히 있지 못하는 영혼을 끌어들이고, 이 영혼들은 가급적 일찌감치 재산을 모으게 되기를 바라면서 열렬히 뭔가를 시작해 실행에 옮기는 경우가 가끔 있다. 하지만 인내심은 전략적이고 장기적인 관점을 갖추기 위해 필요한 핵심적인 요소다. 이러한 전략적이고 장기적인 관점은 결국에는 정말로 위대한 기업가들이 오래도록 롱런할 수 있도록 보장해 준다.

카를로스 슬림은 고향인 멕시코를 기반으로 부동산과 금융 서비스, 여행업, 미디어와 연예, 기술과 에너지, 교통과 제조업을 넘나드는 광활한 산업제국을 세웠고, 몇 년에 걸쳐 세상에서 가장 부유한 사람 열 명에 이름을 올리고 있다. 슬림은 사업적 이익을 두서없이 벌어들인다고 해서 비난받은 적은 없지만, 그럼에도 근시안적인 세계관이라든가, 더욱 심각하게는 과거를 되돌아보는 세계관에 사로잡히는 위험성에 대해 수차례나 강조해 왔다. 1994년 그는 '젊은이들을 위한 편지'에서 이렇게 썼다.

"현재를 열정적이고 충만하게 살아갑시다. 과거가 짐이 되지 않도록 합시다. 그리고 미래로부터 동기를 얻도록 합시다……."

1923년 경제학자 존 메이너드 케인즈는 《화폐개혁론》에서 다음과 같은 유명한 주장을 했다.

"장기적으로 보았을 때 우리는 모두 죽는다."

그는 경제예측가들이 자신들의 능력 부족을 정당화하기 위해 '장기적'이라는 말을 사용한다고 공격하면서, 이들이 '너무 만만하고 쓸데없는 일'을 한다고 쏘아붙였다.

"폭풍의 계절에 그 작자들은 폭풍이 지나가고 한참 후면 바다가 다시 잔잔해진다고 말할 줄이나 알지."

기업가는 단기적인 실패를 감추기 위해 '장기적인 관점'이라는 표현을 쓸 수밖에 없다는 것도 사실이다. 다시 말해, 내년 이맘때쯤이면 모든 것이 잘 풀리게 될 것이라고 확신하느라 오늘 벌어지고 있는 사태를 무시하는 것은 해로운 일이다. 그러한 행동은 정당한 이유가 있는 인내와 장기적인 사고라기보다는 자기기만에 가깝다.

하지만 모든 성공적인 기업은 정도의 차이가 있기는 하지만 인내심과 장기적인 전략을 입증하는 사례가 된다. 제프 베조스는 2011년 에디슨 네이션 영상에서 다음과 같이 말했다.

"아이디어를 가지는 건 쉽습니다. 아이디어를 성공적인 제품으로 바꿔 놓는 것이 아주 어렵지요. 그 사이에는 여러 단계가 있고, 여기에서 집요함이 필요합니다."

탁월한 투자가 워런 버핏 역시 장기적인 싸움을 해야 한다고 주장한다. 그는 장기적인 지속 가능성을 지닌 기업들을 찾아 투자하면서 특별한 커리어를 쌓았고, 투자자들이 단기적인 시장변동에 반응해 재빨리 주식을 팔아 버리지 않도록 주의해야 한다고 반복적으로 강조했다. 대신 근본가치가 건전하고, 경영이 안정적이며 위험부담이 적은 기업들을 찾아야 한다고 했는데, 이러한 그의 조언은 기업들이 어떠한 포부를 가져야 하는지 알려 주는 상당히 좋은 지침이 된다.

초대박 아이템인 앵그리버드를 탄생시킨 핀란드 기업 로비오(Rovio)는 장기적인 사고의 힘을 보여 주는 꽤나 최근의 사례다. 2003년 헬싱키기술대학교 학생들인 니클라스 헤드, 야르노 바케바이넨, 킴 디켓이 창업한 이 회사는 2007년 아이폰이 출시될 무렵에는 힘겹게 버둥대고 있었지만 로비오는 아이폰이 게임 소프트웨어 개발자들에게 게임 체인저가 될 것임을 깨달았다. 따라서 어플 개발의 붐을 기회로 삼을 수 있는 뭔가를 기획하기 시작했고, 급격히 인기를 얻었다. 2009년 발매 당시 앵그리버드는 적합한 게임을 찾아내려는 로비오의 52번째 시도였지만 결코 즉각적으로 성공을 거두지는 못했다. 미국과 영국의 주요시장에서는 상승률이 더디다 보니 로비오는 여러 소규모 시장에서 견인력을 얻는 데에 집중했고, 곧 앵그리버드는 체코공화국, 덴마크, 핀란드, 그리스와 스웨덴을 포함한 여러 국가에서 베스트셀러가 됐다. 몇 달 후 영국과 미국 시장이 그 뒤를 쫓아오기 시작했다. 2011년에는 7천 5백만 사용자들이 하루에 2억 분씩 앵그리버드 게임을 했고(이는 16년 동안 24시간 내내 게임을 하는 것과 같다) 로비오는 최초 투자금이 10만 달러였던 이 게임 덕에 수천만 달러의 돈을 긁어모을 수 있었다. 앵그리버드는 벼락스타가 됐지만, 거의 10년에 걸쳐 전략기획에 몰두한 시간들이 만들어 낸 결과였다.

하루하루 결단력 있게 행동하는 것과 장기적인 전략으로 지켜보는 것 사이에서 균형을 찾을 수 있는 능력은 사실상 모든 위대한 기업가들에게서 발견되는 특성이다. 그럼에도 터득하기 쉬운 기술은 아니다. 자질구레하고 일상적인 업무는 방해가 되곤 하고, 가장 최근에 생겨난 문제와 씨름하느라 기업의 장기적인 건전성이라는 관점에서 그 문제의 심각성을 가늠하는 일은 뒷전에 밀리곤 한다. 게다가 우리 중 다수는 단기적으로 성취할 수 있는 것들을 지나치게 중요시 여기는 반면에(우리가 직접 작성하곤 하는, 말도 안 되게 긴 업무 목록을 생각해 보자) 장기적으로 성취해야 하는 것들은 경시하는 경향이 있다. 영혼이 털릴 정도로 지나치게 긴 여정은 결국 우리가 장기적으로 포부를 가지는 것에 도움이 된다기보다는 방해물로 작용할 수도 있다.

물론 기업가는 일상적인 업무에도 관여해야 하지만, 그로 인해 장기적인 계획을 희생해서는 안 된다. 해당 월의 예산에 도움을 주기 위해 가장 싼 해결책을 택하고 싶은 유혹에 넘어가지 말자. 지금 당장 돈이 조금 더 드는, 더 나은 해결책과 비교했을 때 싸구려 해결책은 여러분의 사업에 퇴행적인 영향을 미칠 수도 있다. 예를 들어, 문에 걸린 오래되고 녹슨 'OPEN' 표지판을 새로 칠하느라 하루 종일 가게를 닫아 버리는 기업가는 되지 말아야겠다. 특히나 길만 건너면 간판가게에서 새 표지판을 사 올 수 있는 경우에는 더욱 그렇다! 오래된 표지판의 옛 영광을 되살리느라 여러분의 노력을 투입해서 아낄 수 있는 돈은 그날 고객을 맞지 못해서 잃는 돈과 비교하면 별게 아니다. 이 이야기야 당연히 지어낸 것이지만, 많은 기업들은 미처 깨닫기도 전에 근시안적인 생각 때문에 피해를 입는다.

고객의 경험에 부정적인 영향을 미칠 수 있는, 주먹구구식으로 돈을 아끼는 결정을 내리지 않도록 특히나 조심하자. 그랬다가는 고객들이 앞으로 다른 기업과 거래를 하기로 결심할 수도 있으니까. 예를 들어, 여러분이 카페를 운영하는데 돈이 부족하다면 개인적으로 마실 티백을 싸구려로 사는 건 여러분 마음이지만, 손님들에게 내어 줄 차의 품질을 떨어뜨리는 것은 아주 신중하게 생각해봐야 한다. 이 손님들은 두 번 다시 돌아오지 않을 수도 있다. 눈앞에 있는 나무만 보느라고 숲속에서 길을 잃지 말도록 하자.

마크 주커버그는 페이스북의 첫 프로그램을 겨우 한 주일 만에 만들었음을 자랑스러워하지만 자신이 회사에 대해 품고 있는 '사명감'에 대해서도 자주 언급한다. 그에게는 미래를 향해 심도 있게 성장해 나가겠다는 동기가 있다. 2007년 《패스트 컴퍼니》에 담긴 그의 이야기는 단순히 일확천금을 꿈꾸는 것을 넘어서는 관심을 가진 기업가들이 귀를 기울일 만하다. 그는 이렇게 말했다.

"저는 장기적으로 뭔가를 만들어 내기 위해 여기 있어요. 그 외에 다른 것들은 그저 정신을 산만하게 만들 뿐이에요."

협상은 기술이다

"협상가는 모든 것을 관찰해야 한다.
반은 셜록 홈즈이고 반은 지그문트 프로이드여야 한다."

빅터 키암, 《덤벼! 기업가로 성공하는 법(Going For It! How to succeed as an entrepreneur, 1987)》

앞서 인용한 빅터 키암은 분명 유리한 거래를 하는 법을 아는 자였다. 그는 1979년 생활용품 기업인 레밍턴 프로젝트를 인수했는데, 이는 인수하기로 한 회사의 자산을 담보물로 삼아 대출을 받은 후 이렇게 빌린 돈을 매입 자금으로 사용하는 거래인 차입매수를 최초로 행한 사례 중 하나다. 레밍턴은 몇 년간 적자 상태였지만, 키암이 인수한 지 1년 만에 상당한 이윤을 올렸다. 키암은 아내가 첫 레밍턴 전기면도기를 사 준 뒤 "이 면도기가 정말 마음에 들어요. 이 회사를 사 버려야겠어요."라고 말했다는 일화로 전 세계적으로 유명해졌다.

그러나 우리 중 다수는 스스로가 언젠가 인도네시아 시장에서 자질구레한 장신구를 물물교환하려 했던 코미디언 필 왕과 같은 수준의 협상가임을 깨닫는다. 필 왕은 관객들에게 이렇게 강조했다.

“저는 이 물건을 흥정하려고 했어요. 시장에서 그 아저씨는 10만 루피아를 달라고 했지요. 그래서 저는 5만 루피아로 하자고 했어요. 그랬더니 아저씨는 11만 루피아를 부르더군요. 그래서 저는 7만 루피아를 이야기했어요. 그랬더니 10만 루피아를 달라고 합디다. 그래서 저는 10만 루피아를 냈답니다.”

협상을 할 때 본능적으로 다른 사람들보다 편안하게 느끼는 사람이 있다는 것에는 의심의 여지가 없다. 예를 들어 우리는 키암이라면 인도네시아 시장에서 필 왕보다 돈을 덜 냈을 것이라고 어렵지 않게 짐작할 수 있다. 언제 밀어붙이고, 언제 한 발 물러서며, 언제 등을 돌리고, 언제 서명란에 서명을 할지 더 쉽게 눈치챌 수 있게 태어난 사람들이 있을 뿐이다. 하지만 그러한 장점을 타고난 사람이라 할지라도 여전히 기업가들은 올바른 협상을 반드시 성사시키기 위해 배우고 공부할 것들이 많다.

- 준비 작업을 철저히 하자. 모든 협상에서 가장 중요한 부분은 협상 당사자들이 거래 조건을 타결하려고 탁자에 둘러앉기 전에 시작된다. 실사를 철저히 하고 상대방에 대해 알아낼 수 있는 모든 것을 알아내라. 공개된 문서와 계정들을 살펴보고, 과거에 이들과 함께 일해 본 제삼자와 이야기를 나눠라. 동시

에 스스로의 기반을 확인하고, 여러분 측의 강점과 약점을 인정하자. 고대 철학자 손자는 전략서의 고전인 《손자병법》에서 이렇게 언급했다.

"적을 알고 나를 알면, 백 번을 싸워도 두려워할 필요가 없다. 나를 알고 적을 모르면 한 번 이길 때마다 한 번 지게 된다. 적도 모르고 나도 모르면, 모든 전투에서 굴복하게 될 것이다."

- 순익을 계산하자. 경매에 참여할 때면 여러분이 입찰하려 하는 최고금액을 염두에 두고 그 금액을 지키길 권하는 것이 보통이다. 순간적으로 신이 나서 선을 넘는 일이 없도록 하기 위해서다. 이와 똑같은 원칙이 사업적으로 협상을 하는 데에도 적용된다. 사전에 여러분이 수용할 수 있는 최소한의 거래 조건이 무엇인지 인식하고, 그보다 높은 조건을 노리되 그보다 못한 경우에는 받아들이지 말자. 워런 버핏은 '가격은 여러분이 지불하는 것, 가치는 여러분이 얻게 되는 것'이라고 강조했다. 거래상의 숫자는 기업가에게 가치를 의미한다.

- 협상을 위해 최상의 상태를 갖추자. 휴식을 푹 취한 뒤 생기를 되찾은 상태인지 확인하자. 협상 장소에 미리 도착해서 준비를 한 뒤 먼저 대화를 시작하도록 하자. 가능하다면 사전에 친구나 동료와 함께 가능성 있는 협상 시나리오를 연습해 보도록 하자. 헐레벌떡 시간에 쫓겨 (아마도 일이 어떻게 진행될까 걱정하

느라 밤을 홀딱 새운) 후줄근한 모습을 하고 눈은 다 풀린 채 협상 자리에 나타난다면, 이미 여러분은 상대편에 유리한 고지를 내어 주는 셈이 된다.

• 옳다고 믿고 행동하자. 양측은 당연히 스스로를 위해 최상의 거래를 이끌어 내고 싶어 하지만, 언제나 협상은 한쪽 또는 양쪽이 방어적인 태도를 취하고 상대방이 자기를 이용해 먹으려 한다고 확신하는 순간 꼬이게 마련이다. 상대방의 의견에 귀를 기울인다면 상대방도 여러분의 의견에 귀를 기울일 가능성이 높다. 솔직함이 협상의 타결을 보장해 주는 것은 아니지만, 모든 사람들이 받아들일 수 있는 합의를 도출했다고 느끼는 윈-윈 협상이자 협상의 성배를 얻을 수 있는 가장 확실한 길이 된다. 2009년 앨리슨 브래너건은 자신의 저서 《이것이 비즈니스다》에서 전설적인 석유재벌 존 폴 게티의 말을 인용했다.
"우리 아버지는 말씀하셨다. '거래에 있어서 절대로 돈을 몽땅 다 벌려고 시도해서는 안 돼. 다른 동료들도 돈을 좀 만지게 해 줘야 하지. 네가 언제나 돈을 독차지한다는 평판을 얻게 되면, 그리 많은 거래를 하지 못하게 될 거야.'"

• 쫓기듯 행동하지 말자. 여러분이 불편하게 느끼는 위치로 끌려가지 말아야 한다. 로이스 위즈는 《컴퍼니 매너: 내부자

가 말해 주는 회사의전과 권력정치가 난무하는 진짜 세계에서 살아남는 법(Company Manner: An Insider Tells How to Succeed in the Real World of Corporate Protocol and Power Politics, 1986)》에서 이렇게 썼다.

"사업을 하면서 입에서 나올 수 있는 가장 위험한 단어 딱 하나는 '아니요'다. 두 번째로 위험한 단어는 '네'다. 두 단어 모두 입 밖에 내지 않을 수 있으니까."

• 하지만 언제 '스톱'을 외칠지 알아야 한다. 받아들일 수 없는 거래에서 상대방이 조금이라도 양보하길 거부한다면, 이는 마치 개인적 모욕처럼 느껴질 수 있다. 하지만, 하찮은 일로 옥신각신 싸우는 일에 휘말리지 말자. 차분함을 유지하고 그냥 자리를 뜨자. 적절한 거래가 아니었던 만큼 또 다른 거래의 기회가 오길 기다리자. 마찬가지로, 협상은 질질 끄는 체스 게임처럼 느껴지다가도 불현듯 자기 자신이 원하는 자리에 와 있음을 깨달을 수도 있다. 그 순간을 그냥 흘려보내지 말고 곧장 종료를 선언하고, 악수를 청한 뒤, 계약서 초안을 받아 들자.

기업가는 사업 이외의 분야에서도 이러한 협상의 기술에 대해 많이 배울 수 있다. 예를 들어, 하버드 법학대학원 교수이자 《하버드 협상의 기술》의 저자인 로버트 H. 누킨은 남아프리카공화국의

반(反) 아파르트헤이트 지도자이자 최초의 흑인 대통령인 넬슨 만델라를 20세기 최고의 협상가로 꼽는다.

"만델라는 우리가 악마와 타협을 하지 않을 거면 강력하게 반대해야 한다는 단세포적인 개념은 거부했어요."

누킨은 이렇게 단언했다.

"그는 두 가지 모두를 해냈거든요. 만델라는 기꺼이 양보를 하려고 하면서도 자신에게 가장 중요한 부분에 대해서는 아니었어요. 핵심적인 정치적 신념에 관해서는 꿈쩍도 하지 않았습니다."

다시 말해, 만델라는 자신의 가장 근본적인 (그리고 절대 타협할 수 없는) 목표를 만족시키는 거래를 추진하기 위해 기꺼이 융통성을 발휘했다. 그러한 전략은 그 어떤 새내기 기업가에게나 도움이 될 것이다.

협상은 광란의 임무처럼 느껴질 수도 있고, 아니면 한쪽의 의지와 능력을 상대편에 맞서 시험해 보는 것처럼도 느껴질 수 있다. 여러분의 협상이 그저 모든 사람을 폭넓게 만족시키기 위해 조건을 이끌어 내는 산출물일 뿐 대립이 아님을 확신시켜 주는 것이 진정한 협상의 기술이다. 이러한 기술을 얻기 위해 기업가는 인내심을 발휘하면서 준비 작업을 철저히 하고, 페어플레이를 하며, 자신에게 무엇이 통하고 무엇이 통하지 않는지를 알아야 한다. 프랜시스 베이컨은 1957년에 쓴 '협상에 관하여'에서 이를 깔끔하게 요약해 버렸다.

"우리는 모든 곤란한 협상에서 씨를 뿌리고 거두는 일을 한 번에 하려고 해서는 안 된다. 일을 준비해야만 하고, 그렇게 해서 서서히 익혀 가도록 해야 한다."

진짜가 나타났다 ··························

1992년 제임스 월리스는 자신의 책 《하드 드라이브》에서 마이크로소프트의 빌 게이츠가 한 말을 인용했다.

"진짜 세계로 나아가서 뭔가를 팔아 보자!"

게이츠는 1980년 컴퓨터계의 유력자 IBM과 계약을 맺으면서 이 목표를 보란 듯이 달성했다. 당시 IBM은 개인용 컴퓨터의 운영 시스템 때문에 고군분투하고 있었고 게이츠는 아직 가지고 있지도 않은 그 시스템을 공급해 주겠다고 동의했다. 그렇게 탄생한 결과가 바로 MS-DOS다. 게이츠는 그가 판권을 유지한다는 조건으로 IBM에 운영 시스템을 싸게 파는 천재적인 기지를 발휘했다. 이런 게이츠의 도박은 그 운영 시스템이 1980년대에 폭발적으로 성장한 개인용 컴퓨터 산업을 장악하면서 성공했고, 마이크로소프트는 IBM에게서 받을 뻔한 금액보다 훨씬 더 많은 돈을 벌 수 있었다. 말 그대로 일생일대의 거래였다.

여우가 되자

"어떻게 하면 체스왕 보비 피셔를 이길 수 있는가?
체스 말고 다른 게임을 하면 된다.
나는 내가 잘하는 게임을 고수하려고 노력한다."

워런 버핏, 비즈니스위크(1999년)

시장에서 최고의 제품이나 서비스를 가장 좋은 가격에 제공하면서 고객들에게 타의 추종을 불허하는 경험을 주려고 애를 쓰고 있음에도 여전히 어려움을 겪는 경우가 있다. 장기적인 성공은 궁극적으로 여러분이 얼마나 좋은 것을 제공하느냐에 달려 있지만, 시장에서 발판을 마련하기 위해서는 가끔 여러 가지 다른 요인들이 필요하기도 한다. 예를 들어 순수한 운빨로, 장마철이 시작되기 직전에 문을 연 우산 회사 같은 식이다. 하지만 성공적인 기업가정신에서 흔히 잘 언급되지 않는 다른 측면이 있으니, 바로 약삭빠름이다. 약삭빠름이란 경기를 여러분에게 유리하게 끌어가기 위해 딱 알맞은 시기에 재빠르게 결정을 내릴 수 있는 능력이다.

예를 들어, 이 책 어딘가(101페이지와 175페이지)를 보면 마이크로소프트의 지속적인 성공이 어느 정도는 빌 게이츠가 실행에 옮긴 놀랍도록 약삭빠른 거래 두 가지에서 시작되었음을 알 수 있다. 첫 번째는 마이크로소프트가 아직 개발도 못 한 베이직 번역기를 약속하며 MITS와 맺었던 계약으로, 당시 게이츠는 개발에 성공할 수 있을지조차 완전히 확신하지 못하고 있었다. 그러고 나서 몇 년 후, 업계의 선두주자인 IBM에 개인용 컴퓨터를 위한 운영 시스템을 곧바로 팔아넘기는 대신 사용허가를 주고 판권을 유지하기로 한 결정이 두 번째다. 두 번의 도박 모두 어마어마했지만 당당히 성공을 거뒀다. 게이츠는 상업계에서는 상대적으로 새내기였지만, 타고난 명민함과 함께 언제 특정 방향으로 일을 밀어붙여야 하는지 판단할 수 있는 능력을 입증했다.

제프 베조스는 약삭빠름의 중요성을 보여 주는 또 다른 사례다. 베조스는 아마존이라는 모험을 시작하면서 궁극적으로는 '만물상'을 세우겠다는 꿈을 꾸었다. 그러나 그는 한 번에 한 분야에서만 사업을 시작해야 한다는 것도 알고 있었다. 따라서 판매를 먼저 시작할 수 있는 상품들을 모두 냉정하게 분석한 뒤, 책 사업은 인터넷으로 대표되는 기술혁명을 받아들일 필요가 거의 없음을 깨달았다. 책은 그의 필요에 잘 맞아떨어졌다. 책을 팔 수 있는 시장은 언제나 크고 지리적으로 광범위했고, 책 자체는 상하지 않으면서 보관과 수송이 상당히 쉬운 제품이었다. 심지어 책마다 독특한 식별번호가 있어서 주문을 확인하기도 그다지 어렵지 않았다.

게다가 온라인 환경은 고객들이 수백만 권의 책을 선택할 수 있는 가능성을 만들어 줬다. 베조스가 알기론 가장 큰 오프라인 서점도 기껏해야 15만 권을 보유할 수 있었고, 따라서 온라인 서점은 즉각적으로 경쟁우위를 가질 수 있었다. 미국에서 가장 큰 전통적인 서점 체인인 반스 앤드 노블이 온라인에 진출하게 된 시점에 아마존은 이미 2년에 걸쳐 거래의 폭을 넓히고 있었다. 반스 앤드 노블은 결코 따라잡지 못했고, 오늘날 아마존은 베조스가 한때 꿈꿨던 '만물상'이 됐다.

여러 문화에서 약삭빠르고 능수능란한 사람은 가끔 부정적인 모습으로 비친다. 이러한 딱지가 붙어 버린 사람은 음흉한 교활함의 상징이자 그 두렵고 간사한 여우와 유사한 종족으로 치부된다. 그러나 20세기 초반 헨리 포드가 직원들을 다루는 모습은 동시에 어떻게 약삭빠르면서 자비로울 수 있는지를 보여 준다. 그는 직원들에게 업계 표준보다 더 높은 수준의 임금을 주기 시작했는데, 그 당시로써는 영리적 자살행위라고 여겨질 정도였다. 실제로 포드는 직원들에게 넉넉한 보수를 지급함으로써 회사를 키울 수 있었다. 포드의 행복한 직원들은 계속 자기 일자리를 지키고 싶었고 그만큼 의욕에 불타고 있었기 때문에, 사실상 포드의 모든 경쟁사 직원들보다 더 생산적으로 일해서 그 많은 월급에 보답했다. 무단결근은 급격히 감소했다. 게다가 포드에서 근무하는 것이 만족스러운 만큼 직원들이 대규모로 이직하는 일이 없었으므로 신입사원을 훈

련시키기 위해 드는 비용은 줄어들었다. 또한 포드가 새로운 직원을 필요로 할 때면 예전보다 훨씬 높은 수준의 인재들이 지원해 왔다. 이러한 움직임은 회사에 대한 훌륭한 홍보가 됐는데, 그 외에도 또 다른 장점이 있었다. 충성스러우면서 돈도 많이 버는 포드의 직원들은 저축을 하면서 포드 자동차가 겨냥하고 있는 신흥중산층에 합류할 수 있었고, 따라서 포드는 미래 고객층을 육성할 수 있었던 것이다.

이 시대를 이끌어 가는 투자의 현자인 워런 버핏 역시 회사를 움직이게 만드는 법을 그 누구보다 더 잘 아는 인물이다. 이 장 처음에 인용된 버핏의 말은, 여러분이 가장 유리한 환경에서 게임을 하려고 한다고 해서 정정당당하지 못한 것이 전혀 아님을 강조한다. 대신에 이는 현명함이 정말로 무엇인지를 보여 주는 그저 훌륭한 식견일 뿐이다.

버핏의 모든 사업철학은 사업을 합리적이고 분석적이면서 스스로에게 이득이 되도록 경영해야 한다는 것을 기본으로 삼고 있다. 1999년 그는 비즈니스위크에 '다른 사람들의 투자를 곤경에 빠뜨리고 싶은 충동을 조절하기 위해' 어떻게 애쓰는지 털어놓았다. 다시 말해, 버핏은 언제나 분별 있게 일하기 위해 노력한다는 의미였다. 그러고 나서 2008년 뉴욕타임스와의 인터뷰에서는 자신이 주식을 살 때 따르는 주요원칙에 대해 설명했다.

"다른 사람들이 욕심을 부릴 때 걱정하고, 다른 사람들이 걱정할 때 욕심을 부리는 겁니다."

이번에도 버핏의 메시지는 분명하다. 한 발 물러서서 여러분의 경쟁우위를 활용할 수 있는 곳이 어디인지 살피라는 것이다. 무리를 따라가지 말자. 군중심리에 휩쓸릴 수 있으니까. 대신에 다른 사람들이 놓치고 있는 실용적이고 타산적인 일에 집중해 보자. 그렇게 하는 것은 교활하거나 정직하지 못한 일이 아니다. 그저 사업일 뿐이니까.

상품화권이 당신과 함께하길 · · · · · · · · · · · · · · · ·

조지 루카스는 영화사상 가장 영악하게 상황을 판단해서 계약서에 서명을 한 장본인이다. 그는 1970년대에 스타워즈를 제작, 감독하기로 계약하면서 영화당 15만 달러가량을 받았다. 스타워즈 감독직을 수락하면서 이보다 세 배는 높은 금액을 제안받았지만, 루카스는 대신 다른 거래 조건을 내걸기로 결심했다. 15만 달러라는 보수를 유지하는 대가로 상품화권을 받고 속편에도 그 권리를 유지하기로 선택한 것이다(당시는 오늘날만큼 시리즈 영화가 흔치 않은 시대였다). 20세기 폭스사의 임원들은 스타워즈 브랜드가 얼마나 가공할 만한 히트를 칠 것인지 미처 깨닫지 못하고 여기에 선뜻 동의했다. 한 번의 계약금을 희생한 덕에 루카스는 수십억 달러의 순이익을 얻는 협상을 성사시킬 수 있었다. 이 사례에서 그의 현명함이 강력하게 작용했음이 느껴진다.

여러분의 원칙을 고수하라

"사업에서나 사회에서나 우리가 살면서 따르는 원칙은
행복에서 가장 중요한 부분이다. 우리는 행복을 달성하는 과정에서
그 행복을 만들어 낸 덕목을 잃지 않도록 주의할 필요가 있다."

해리 해리슨, 《로터리언the rotarian, 1955)》

1966년 다니엘 카츠와 로버트 L. 칸은 《조직의 사회심리학(The Social Psychology of Organizations)》에서 이렇게 썼다.

"기업은 돈을 벌기 위해 존재한다는 것이 흔한 경영진들의 의견이고, 이러한 의견은 보통 아무런 의심 없이 받아들여지기 마련이다. 그러나 이는 기업의 목표에 대한 아주 한정된 서술일 뿐이다."

물론 그 어떤 기업이든 돈을 버는 일을 목표로 삼아야 한다. 기업이 돈을 버는 일에 계속적으로 실패할 경우 더 이상 존재할 수 없을 것이다. 하지만 이제는 그 어느 때보다 더 영리활동이 윤리적

방식으로 행해져야 한다는 압박이 커지고 있다. 사랑과 전쟁, 사업에 관해서는 모든 것이 정당화되는 시대가 저물어 가고 있다. 물론, 세계적인 대기업들을 비롯해 많은 기업들이 절대로 순이익 때문에 도덕성을 포기하지 않는다는 이야기는 아니다. 그러나 어떤 회사가 비윤리적으로 행동한 사실이 드러났을 때 엄청난 대가를 치를 수 있으며, 심지어는 존폐의 기로에 서게 될 수도 있다.

진정한 도덕성이란 아무도 여러분이 어떻게 행동했는지 모른다는 것을 알면서도 올바른 일을 하는 것이라고 한다. 사업을 하면서 올바른 일을 하는 것은 언제나 쉽지는 않다. 잘못된 일을 하는 것이 가끔은 훨씬 덜 번거로울 수도 있다. 하지만 윤리적인 길을 택하는 것은 단순히 마음속으로 뿌듯한 기분을 느끼는 정도의 문제가 아니다(물론 그러한 뿌듯함이 실질적으로 이익이 되기도 한다). 윤리와 도덕성은 상업적으로도 의미 있다.

우선, 올바른 일을 하는 것은 법률이나 규제로 인해 성가신 일을 피할 수 있는 확실한 방법이다. 재정투명성, 시장경쟁, 고객 프라이버시, 환경적 책임 등을 규정하는 국제법이 그러한 법률이나 규제에 속하는데, 장기적인 성공을 꿈꾸는 기업들은 그러한 항목과 관련해 '지름길로 질러가는 방법'을 선택할 수는 없다. 하지만 윤리적이라는 것은 단순히 법을 준수하는 것 이상을 의미한다.

하향식 윤리 문화를 지닌 기업은 직원과 거래처들을 위해 기조를 정해 준다. 예를 들어, 정당한 보수를 지급하고 기회의 균등을 보장하는 것은 가장 능률적이고 진취적인 직원들을 끌어들이고 유지하는 데에 도움이 된다. 또한 직원들에게 높은 윤리기준을 심어 줬을 때, 이들은 좀 더 신속하게 더 나은 사업적 선택을 할 수 있다는 자신감을 얻는다고 한다. 게다가 사업상 파트너들과 공정하게 경쟁하는 기업은 무책임하게 행동하는 기업보다 장기적으로 상호 호혜적인 관계를 맺고 유지할 가능성이 훨씬 더 높아진다.

고객들 역시 '선한' 기업을 좋아한다. 이를 '방목 효과'라고 생각해도 좋다. 평범한 슈퍼마켓에서 계란이 가득 진열되어 있는 선반을 살펴보자. 어떤 달걀은 공장형 닭장에서 생산되어 아주 싼 가격에 팔리고 있다. 그리고 방목한 유기농 달걀도 진열되어 비싼 가격에 팔리고 있다. 이러한 계란을 생산하기 위해서는 더 큰 노력과 비용이 들지만 더 높은 가격에 팔리게 된다는 점에서, 그 잠재적인 보상 덕에 안정적인 사업모델이 될 수 있다. 이와 비슷하게, 초콜릿과 커피 같은 제품들도 판매자들이 더 높은 가격에 시장에 내놓을 수 있게 해 주는 '공장무역'이라는 꼬리표를 단다(개발도상국 생산자들이 생산한 제품에 대해 공정한 대가를 지불했다는 의미다). 최근 몇 년 동안 '윤리적 투자'를 선호하는 투자자들이 빠르게 늘어나고 있으며, 따라서 여러분의 기업이 올바르게 일한다는 것을 보여 준다면 자금을 끌어들이기에 더 유리할 수 있다. 그러니 윤리적인 기업이 되는 것은 사업을 위해서나 회사의 이미지를 위해서나 도움이 된다.

선함이 어떻게 사업에 도움이 되는지를 보여 주는 사례로는 애니타 로딕이 설립한 화장품 및 세면용품 대기업인 바디샵이 있다. 교사였던 로딕은 몇 년 동안 세상을 여행하면서, 문화가 다르다면 아름다움과 건강, 인간의 몸에 대한 관점 역시 다양할 수 있음을 깨달았다. 집으로 돌아온 그녀는 영국의 메이크업 산업으로부터 소외당하고 있다는 느낌을 가지게 됐다. 회사들은 자기네 제품에 대해 엄청난 광고를 해 댔지만 그 안에 어떤 재료가 들어가는지에 대해서는 훨씬 애매한 입장을 취했다.

로딕은 전혀 다른 규칙에 따라 운영되는 메이크업 및 세면용품 기업을 만들겠다고 결심했다. 그녀의 모든 제품들은 윤리적으로 얻은 천연재료로만 만들어질 예정이었고, 이는 이 재료를 생산하는 사람들이 이 세상 어느 지역에서든지 간에 공정한 노동 조건하의 안전한 장소에서 공정한 보수를 받으며 일한다는 의미였다. 또한 그녀는 고객들을 이 윤리적인 이야기의 일원으로 참여시켰다. 교사로서의 기량을 발휘한 그녀는 타고난 소통자로서 고객들에게 바디샵의 제품이 어디에서 왔는지, 어떻게 생산됐는지, 어떤 테스트를 거쳤고, 소비자들을 위해 무엇을 해 줄 수 있는지 등을 이해할 수 있는 도구를 제공했다. 그녀의 솔직함 덕에 고객들은 자신이 단순히 거품목욕제를 사는 게 아니라 좀 더 친밀하게 사업에 투자한다는 느낌을 얻었다.

로딕은 1976년 첫 가게를 열었고 다시 1년 안에 두 번째 가게도 열었으며, 1982년까지 평균적으로 매달 두 곳의 새로운 상점이 문을 열었다. 로딕은 사실상 아무런 형식적인 마케팅도 하지 않았지만 입소문이 퍼지면서 눈부신 성장을 이룰 수 있었다. 고객들은 그녀의 제품과 기풍을 좋아했고, 저마다 친구 모두와 즐겁게 비밀을 나눴다. 윤리적 행위가 수익의 견인차가 된 셈이었다.

로딕은 수익이 쏟아져 들어오는 와중에도 창업 당시의 원칙을 꿋꿋하게 지켰다. 예를 들어, 그녀는 환경과 관련한 대의명분들을 강력하게 지지했고, 국제 앰네스티의 유명한 후원자이기도 했다. 또한 동물실험에 반대하는 캠페인을 진두지휘했는데, 당시 덩치가 큰 경쟁사들은 대부분 동물실험을 제조 과정의 표준절차로 포함하고 있었다. 그녀의 메시지는 단순했다. 아름다움을 위해서라는 미명하에 동물들을 때론 고통스럽고 비참한 실험에 노출하는 것은 잔인하다는 메시지였다. 그녀는 동물실험에 의존하지 않고도 미용 분야에서 기업을 운영할 수 있음을 증명했고, 그러한 캠페인을 벌이는 열정은 회사가 빠르게 확장되고 있는 와중에도 인류애를 잃지 않는 데에 기여했다. 고객들은 자신들이 제품뿐 아니라 문화와 가치를 구입한다고 느꼈고, 바디샵이라는 브랜드와 그 총수에게 유대감을 느끼면서 보기 드문 충성고객들을 양성해 냈다. 2006년 그녀가 마침내 다른 관심사에 집중하기 위해 회사를 매각할 때쯤, 바디샵은 자랑스럽게도 50개 이상의 국가에서 2천여 개 이상의 상점을 열었고 거의 8천만 명 이상의 고객을 응대했으며 6억 5천만 파운드 이상의 기업 가치를 지닌 것으로 평가됐다.

로딕은 윤리와 수익은 서로 배타적일 필요가 없음을 궁극적으로 증명해 냈다. 사실, 전자가 후자를 더욱 향상시켜 줄 수 있는 법이다. 그녀는 1990년 Inc.지에 이렇게 말했다.

저는 더 좋은 방식이 있을 거라고 꽤나 열렬히 믿고 있어요. 여러분은 경영의 판도를 다시 바꿔 놓을 수 있어요. 윤리적인 거래를 할 수 있어요. 사회적 책임과 지구적 책임 등에 헌신하세요. 여러분의 직원들에게 두려워하지 말고 권한을 넘겨주세요. 저는 여러분은 정말로 바꿔 놓을 수 있을 거라고 생각해요. 그게 바로 비전이고, 그 비전은 아주 확고합니다.

너의 이름은

애니타 로딕이 영국 남부해안에 있는 브라이튼에 처음으로 바디샵을 열었을 때 반대하는 목소리가 없지 않아 있었다. 특히나 그녀는 이웃한 상점을 화나게 만들었는데, 이들이 같은 시장에서 경쟁하기 때문이 아니었다. 옆집은 장의사들이 운영하는 상점으로, 장의사들은 이웃이 '바디샵(바디Body에는 시체라는 의미도 있다_옮긴이)'이라는 이름으로 장사를 하는 것이 아주 편치 않았던 것이다! 그러나 언제나처럼 예리한 로딕은 기회를 포착해서 이러한 불화에 대해 지역신문에 제보를 해 버렸다. 아니나 다를까, 이 무료 홍보 덕에 새로운 고객들이 그녀의 상점에 몰렸다.

돈은 단순히 성공의 표상이 아니다

"흔히 모든 기업가들이 돈을 성공의 척도로 본다는 오해가 있다. 그렇지 않다. 그래서도 안 된다."

리처드 브랜슨, 《링크드인(LINKED-IN, 2016)》에 쓴 글 중에서

성공적인 기업가정신과 돈을 버는 일은 자연스레 함께 가기 마련이다. 그 누구도 수익에서 어마어마한 손실을 본 덕에 경영대상을 탈 수는 없다. 엘론 머스크는 2008년 Inc.5000 콘퍼런스에서 이렇게 말하기도 했다.

"기본적으로 여러분 회사가 매력적인 가격의 매력적인 제품을 가지고 있지 않다면 훌륭한 회사라고 볼 수 없어요."

하지만 그럼에도 불구하고 경영계의 거물들은 금전적인 성공을 어느 기업가가 얼마나 잘하고 있는가를 보여 주는 척도로 사용하는 것은 적절치 않다고 자주 지적한다.

앞서 이 장이 시작될 때 인용한 글에서 브랜슨은 이런 주장을 펴 나갔다.

"너무 많은 사람들이 자기가 얼마나 많은 돈을 벌었는지에 따라, 아니면 인맥을 맺게 된 사람들이 누구냐에 따라 성공의 정도를 가늠한다. 나는 진정한 성공은 자기가 얼마나 행복한지에 따라 평가되어야 한다고 생각한다."

혹자는 이쯤에서, 그런 생각이야 통장에 몇십 억쯤 들어 있는 사람이니까 쉽게 떠올릴 수 있는 법이라는 반응을 자동적으로 보일 수도 있다. 돈은 우리에게 행복을 사 줄 수는 없더라도 고통을 수월하게 넘길 수 있는 방법을 사 줄 수는 있다. 그러나 브랜슨은 자신에게 수익보다 더 중요한 것은 자기 사업이 '사람들의 인생에 긍정적인 변화를 가져다줄 수 있다'는 느낌이라고 단호하게 말했다. 브랜슨의 회사가 돈을 버는 일은 변화를 가져다주고 싶은 소망이라는 출발점에서 시작된다. 그렇게 해야 사람들에게 자신이 원하고 필요로 하는 것을 제공한다는 목표를 충족하게 되기 때문이다. 이와 마찬가지로, 개인적인 차원에서도 그는 이렇게 말한다.

"대부분의 사람들은 제가 사업적으로 성공해서, 그리고 그에 딸려 오는 부로 인해 행복할 거라고 추측합니다. 하지만 저는 제가 행복하기 때문에 성공하고, 부유해졌으며, 사람들과 연을 맺을 수 있다는 걸 알아요."

이러한 관점을 가지는 것은 브랜슨뿐만이 아니다. 예를 들어, 워런 버핏은 1994년 네브래스카-링컨 대학교 학생들에게 이렇게 말했다.

"여러분이 만들어 가는 과정에서 즐길 수 있는 뭔가를 만들어 내는 게 아니라, 그냥 어떤 회사를 세우고 사업을 시작할 거라고 말하는 게 제게는 좀 어처구니없이 느껴집니다. 이건 마치 그림을 그리는 것과 같아요. 제 말은, 여러분이 그림을 그릴 때 그 과정에서 즐겁게 바라볼 수 있는 대상을 그려야만 한다는 거예요."

다시 말해, 여러분의 사업이 만족을 가져다주기보다는 돈을 버는 것에만 급급해하고 있다면, 기업가가 된다는 것이 어떤 의미겠는가? 마찬가지로, 오프라 윈프리는 1991년 아카데미 오브 어치브먼트(Academy of Achievement)에서 이렇게 말했다.

다른 사람들이 생각하는 성공과 제가 생각하는 성공은 달라요. 폄하하려는 뜻은 아니에요. 멋진 것들을 가질 수 있다는 건 정말 좋은 일이지요. 물질적인 성공은 여러분이 정말로 중요한 다른 것들에 집중할 수 있는 능력을 제공해 줘요. 그리고 여러분 자신의 인생뿐 아니라 다른 사람들의 인생에도 변화를 만들어 줄 수 있어요.

그렇기 때문에 포춘지가 선정한, 세계에서 가장 부유한 사람들의 명단에는 오르지 못했을망정 진정으로 성공한 기업가들이 많은 것이다. 기업가가 합리적인 수준의 수입과 개인적으로 깊은 만족감을 얻기 위해서 사업이 무지막지하게 클 필요는 없다. 여러분의 사업이 여러분이 원하는 삶을 살기에 충분한 돈을 제공해 줄 수 있다면(물론 기업가가 평범한 자동차가 아니라 전용비행기나 개인 요트를 원하는 거라면 할 말이 없지만), 그리고 여러분이 대체적으로 일을 즐기면서 개인적인 열정의 일부도 충족시킬 수 있는 자원을 가지고 있다면, 여러분의 사업적 모험은 외로운 성에 틀어박혀 돈이나 세고 있는 비참한 억만장자보다 훨씬 더 성공했다는 평을 받게 될 것이다.

성공을 평가하는 방식을 재평가하려는 이러한 트렌드는 이제 상업계를 넘어서 널리 퍼져 나가고 있다. 최근 몇 년간 여러 학자들은 GDP(국가가 1년 동안 생산해 낸 총계, 다른 말로 국가의 총 수익)가 국가의 성공 여부를 측정하는 데에 크게 부족하다고 주장해 왔다. 1970년대 초반부터 히말라야 산맥의 작은 나라인 부탄은 '국민총행복지수(Gross National Happiness)'를 운용했다. 한편, 더 많은 경제학자들이 이제는 지속적인 경제성장을 추구하는 것이 진정으로 가능하거나 바람직한 것인지에 의문을 품게 됐다. 최근 몇 년간 많은 사회적 기업이 성공을 거두었다는 것은, 특정기업들이 세상을 개선해 나가면서 고객들과 직원들에게 만족을 안겨 줄 수 있는 방식을 선도해 가고 있음을 증명한다. 이들은 실리콘 밸리의 거대기업들만큼 어마어마한 수익을 손에 넣는 데에 크게 실패했다고 해도 그렇다.

실용적인 측면에서 기업가들이 자사의 성공을 판단할 수 있는, 수익과 상관없는 (그러나 개개인의 만족을 넘어서는) 여러 척도들이 있다. 이를테면 다음과 같다.

• 여러분의 고객은 만족스러워하는가? 회사가 돈을 벌지 못하

더라도 고객층을 유지하거나 확장하고 있는가? 고객을 유치하고 이들에게 만족을 주는 서비스를 제공할 수 있다면, 장기적으로 확실히 경제적 생존력을 가질 수 있을 것이다.

- 여러분의 직원들은 바른 위치에 있는가? 어려움을 겪고 있는 기업은 현장에서 일하는 직원들에게 그 문제를 거의 숨길 수 없다. 하지만 직원이 만족스러워한다면 기업이 올바른 방향으로 나아가고 있다는 징조이기도 하다.

- 여러분의 경쟁자들은 어떻게 하고 있는가? 여러분이 힘겨운 시간을 보내고 있다면 전체 시장이 모두 그럴 수도 있다. 여러분은 수익이 감소하고 있을 때도 여전히 안정적인 시장점유율을 유지하고 있는가? 어려운 상황에서 힘겹게 고군분투하면서도 남들보다 앞서 나가는 것이 가능할까? 여러분이 속한 특정분야가 손도 쓸 수 없을 만큼 쇠퇴하고 있는 것이 아닌 한, 그러한 시나리오는 건강한 미래를 기대할 수 있음을 보여 준다.

돈을 버는 것이 기업가 경험에서 필수적인 측면이 아니라고 주장하는 것은 우둔한 일이다. 현금유동성이 끊기지 않도록 유지하고 은행 담당자를 계속 행복하게 해 주는 일에 실패한 결과, 기업가의 꿈이 끝나 버리는 경우가 많다. 하지만 아무런 의심도 품지 않은 채 사업의 성공과 가장 핵심적인 금전문제를 연결시켜 버린다면 그 회사가 얼마나 잘 운영되고 있는지를 기껏해야 불완전한 그림으로 보여 줄 뿐이다. 여러분과 여러분의 직원, 그리고 고객들은 모두 단순히 경제적인 관점에서는 측정될 수 없는 방식으로 회사로부터 만족감을 이끌어 내야 한다.

사업을 운영하는 것은 끊임없는 파티타임을 의미하는 것은 아니다. 엘론 머스크는 2013년 칸 아카데미와의 대화에서 이렇게 말했다.

“대부분의 경우 사람들은 회사를 만드는 게 재미있을 거라 생각해요. 저는 그렇지 않다고 말하겠어요. 절대 그렇게 재미있지는 않아요. 재미있는 순간이 있는가 하면, 그냥 끔찍한 순간이 있기도 하지요.”

하지만 그는 2016년 테슬라의 주주총회 연설에서 처음의 열정을 유지할 때 업무가 훨씬 덜 끔찍하게 느껴진다고 인정했다.

“자기가 하고 있는 일을 사랑한다면 열심히 일하는 게 훨씬 더 쉬워집니다.”

2006년으로 거슬러 올라가 마크 주커버그가 페이스북에 대한 야후의 10억 달러 제의를 거절하도록 한 건 그 ‘첫사랑’의 감정을 유지하고 싶은 욕망이었다. 당시는 그만큼의 돈을 다시 제안받을 수 있으리라는 확신도 없던 때였다.

“저는 그 돈으로 무엇을 할 수 있을지 모르겠어요. 그냥 또 다른 SNS를 시작하겠죠. 저는 제가 이미 하고 있는 일을 좋아하는 거

같은데요."

제프 베조스도 마찬가지로 2013년 포 피크스 TV(Four Peaks TV)에서 '내면의 자신'에 뿌리를 단단히 내리는 개념을 강조했다.

"어린 시절의 호기심을 유지할 수 있다는 건 큰 선물이에요. 창의력에도 도움이 됩니다. 즐거움을 누릴 수 있게 도와줘요."

베조스는 현장에 있는 직원들과 적극적으로 유대감을 형성할 때 훌륭한 관리가 나오며, 기업가 자신도 현장에서 시작할 가능성이 많다고 주장하는 사람들 가운데 하나다. 2003년 그는 포춘지에서 이렇게 주장했다.

"저는 유능한 매니저나 지도자치고 최전방에서 어느 정도 시간을 보내지 않는 사람을 본 적이 없습니다. 그렇게 하지 못하면 이들은 현장과 단절되고, 모든 사고와 경영과정은 추상적이고 단절적으로 변해 버릴 테니까요."

그렇게 되면, 전반적인 만족이라는 관점에서 자기 회사를 이끄는 위치에 있다는 것은 그저 손익을 계산하는 것 이상이 되어야만 한다. 브랜슨이 주장하듯, 기업의 성공과 개인의 행복은 서로에게 영향을 주게 마련이고 그렇기 때문에 여러분 사업의 비(非) 경제적 척도에 관심을 기울이는 것이 중요하다. 워런 버핏이 2003년 조지아공과대학교 동창회지에 쓴 글을 곰곰이 떠올려 보자.

"여러분이 사랑하는 일을 하십시오. 그에 대한 열정을 가져야만 합니다. 그렇게 할 수 없다면, 그냥 다른 일을 찾도록 하세요."

아마도 우리 모두는 궁극적으로 주류업계의 베테랑이자 커뮤니케이션 전문가인 개리 베이너척이 《크러쉬 잇! SNS로 열정을 돈으로 바꿔라》에서 제시한 비전을 목표로 삼아 나아가야 할 수도 있겠다.

열정적으로 살아라. 그러나 그건 무슨 뜻일까? 여러분이 매일 아침, 매일 매일 아침마다 출근을 하려고 일어날 때면 여러분이 세상에서 가장 흥미로워하는 일에 대해 이야기하거나 연구를 하거나 작업을 할 수 있기 때문에 신이 난다는 의미다. 자기가 하고 있는 일로부터 휴식이 필요하지 않기 때문에 휴가만을 바라보며 살아가지 않게 된다. 일하고, 놀고, 휴식 취하는 게 똑같아진다. 심지어 몇 시간 동안 일했는지 신경 쓸 필요도 없다. 여러분에겐 정말로 일하는 게 아니니까. 여러분은 돈을 벌고 있지만, 무슨 일을 하든지 돈을 받지 않고도 일하려 할 것이다.

웨인의 세상

로널드 웨인은 누구나 다 아는 이름은 아닐지라도, 인생에서 돈보다 더 중요한 것이 존재한다는 증거가 된다. 그는 아타리에서 엔지니어로 일하면서 스티브 잡스와 스티브 워즈니악을 만났고, 훗날 두 스티브는 애플을 창업하면서 그를 임원으로 데려왔다. 그는 막 날개를 편 회사를 관리하기로 하고(두 스티브는 20대였던 반면에 그는 40대였다) 회사와 첫 파트너십 계약을 하면서 애플 주식의 10퍼센트를 받았다. 그러나 웨인은 이 일이 자신에게 맞지 않다는 것을 깨달았다. 그는 채 2주도 근무하지 못하고 자기 몫의 주식을 800달러의 현금으로 바꾸고는 작은 엔지니어링 회사로 이직을 해 버렸다. 오늘날 그가 포기한 10퍼센트의 주식은 수백억 달러의 가치다. 그러나 2014년 웨인은 컬트 오브 맥(Cult of Mac) 웹사이트와의 인터뷰에서 자기가 택한 길이 엄청나게 비싼 대가를 치렀을망정 후회하지 않는다고 밝혔다.
"제가 애플에서 계속 일했더라면 아마도 공동묘지에서 최고 부자가 됐을 겁니다."

부를 나누자

"따라서 이는 부자와 가난한 자 사이의 해결되어야만 하는 문제다.
축적의 법칙은 그대로 남게 되고, 분배의 법칙 역시 그대로 남게 될 것이다.
개인주의는 계속 존재하지만 백만장자는 가난한 이들의 신탁관리자와
다름없게 될 것이다. 공동체의 증가하는 부 가운데 엄청난 부분을
잠시 동안 위임받고선, 공동체가 혼자서 행하거나 행할 수 있을 때보다
훨씬 더 훌륭하게 그 부를 운용하게 될 것이다."

앤드류 카네기, 노스 아메리칸 리뷰(North American Review, 1889)에 수록된
《부》 중에서

지난 장(章)에서 보았듯 여러 기업가들에게 성공이란 엄청난 돈을 벌어들이는 것만큼이나 (기억 속에 남을 만한 잡스의 표현에 따르면) '우주에 흔적을 남기는 것'이 관건이다. 가장 성공한 기업가들이 족적을 남기기 위해 점차 더 많이 택하는 방식은 사회공헌 활동이며, 이 분야는 21세기에 확실한 변화를 겪고 있다.

투자자로서 수십억 달러를 벌어들인 조지 소로스는 현대의 사회공헌 활동의 선봉에 서서, 전 세계적으로 시민사회활동을 지원하는 오픈 소사이어티 파운데이션(Open Society Foundation)을 통해 사재(私財) 300억 달러를 나누어 왔다. 2000년, 그는 조지 사피로에게 왜 자신이 재산의 막대한 부분을 박애적 명분을 위해 쓰기로 결정했는지를 설명했다.

아시다시피, 돈을 버는 것보다 긍정적인 변화를 이끌어 내는 것이 훨씬 어려워요. 돈을 버는 게 훨씬 더 쉽지요. 성공을, 그러니까 수익을 계산해 낼 수 있는 더 쉬운 방법이니까요. 사회적인 결과로 말할 거 같으면, 다양한 사람들이 다양한 방식으로 행동하다 보니 성공에 대해 제대로 된 기준을 세우기도 아주 어렵답니다. 따라서 어려운 업무가 되는 거지요. 관료적인 접근법보다는 기업가적인 접근법을 활용해 보는 게 어떨까요. 사람들이 자기가 도와야 할 사람들에 대해 진정으로 관심을 가진다면 실제로 좋은 일을 많이 할 수 있을 겁니다.

그렇다면 사회공헌 활동이란 무슨 뜻일까? 이는 단순한 자선활동과 어떻게 다를까? 자선이란 전통적으로 어떤 문제의 증상을 해결하기 위해 자원을 사용하는 것과 관련이 깊다. 예를 들어, 배고픈 사람이 있으면 먹을 것을 주는 것이다. 반면에 사회공헌 활동은 문제의 근본적인 원인에 대처하는 것을 목표로 삼는다. 고전적인 예를 들자면, 배고픈 사람에게 물고기를 먹으라고 주기보다는 당장 오늘뿐 아니라 미래에도 스스로 자기와 가족, 공동체를 위해 식사를 마련할 수 있도록 물고기 잡는 법을 가르쳐 주는 것이다. 사회공헌 활동은 윤리적으로 따졌을 때 자선활동보다 좋거나 나쁜 것이 아니다. 하지만 확실한 경제적 측면으로 봤을 때, 투입된 자원과 산출된 결과를 따져 보면 사회공헌 활동이 더 크게 효과를 발휘할 수 있다. 게다가 사회공헌가들은 보통 평균보다 더 많은 돈을 기부함으로써, 자선활동에서 그 돈이 어떻게 쓰였는지에 대해 더 큰 발언권을 가지게 되는 경향이 있다. 재계 인생에서 대규모 자원의 배분을 관리 감독하는 데에 이골이 난 여러 부유한 기업가들은 틀림없이 이 사실에 혹할 것이다.

사회공헌 활동은 결코 현대에 국한된 현상이 아니다, 우리는 적어도 18세기로 돌아가서 시민단체가 불쌍한 사람들에게 도움을 베푸는 대규모 계획을 집행하기 위해 어떻게 했는지 볼 수 있다. 19세기 말은 특히나 미국과 영국에서 엄청나게 부유한 기업가들이 사회공헌적인 목적으로 부를 사용하는 열풍이 불었던 그 나름의 황금기였다. 앤드류 카네기, 조지 피바디, 존 D. 록펠러, 조셉 론트리와 헨리 웰컴과 같은 이름은 오늘날까지 생생하게 전해진다.

예나 지금이나 사회공헌가들이 따를 수 있는 주요 모형이 세 가지 있다.

- 이미 설립되어 있는 기존의 조직에 개인적인 기부를 크게 한다.

- 기금을 세운다. 기금이란 특정한 용도(예를 들어 장학금)를 위해 자선단체나 비영리단체에게 주는 금전적인 기부다. 가끔 기금은 첫 기부금을 투자해서 생겨나는 돈을 사용해 자립하기도 한다.

- 특정한 목표를 달성하기 위해 사회공헌가의 이름을 딴 재단을 설립한다.

실리콘밸리는 사회공헌의 새로운 황금기를 위한 정신적인 고향임이 증명됐는데, 아마도 그중에서도 가장 유명한 이는 빌 게이츠일 것이다. 오랫동안 사람들은 그가 이런 영예를 누릴 것이라고 생각하지 않았었다. 1980년대와 1990년대 초반에 그는 좀 더 외부 지향적인 프로젝트에 관여하는 대신 자기 사업을 키우는 데에 관심을 집중하고 있다고 기자들에게 밝혔다. 하지만 1994년 그는 윌리엄 H. 게이츠 파운데이션(William H. Gates Foundation)을 설립하고 1년 후에는 뉴욕타임스에 현대 사회공헌가들이 직면하는 도전들에 대해 기고했다.

"돈을 현명하게 쓰는 일은 버는 것만큼이나 어렵다."

그가 강조했다.

"의미 있는 방식으로 돈을 쓰는 일은 인생 후반부에 들어 내가 몰두하는 주요한 일이 될 것이다. 내게 여전히 줄 수 있는 것이 많다는 가정하에 말이다."

그다음 해 그는 동일한 지면에 이렇게 맹세했다.

"마침내 교육과 인구의 안정성처럼 내가 신념을 가진 명분들에 기여하며 (내 돈의) 대부분을 돌려보낼 수 있을 것이다."

1997년 게이츠 라이브러리 파운데이션(Gates Library Foundation)이 공공도서관에 약 4억 달러의 기금과 마이크로소프트 소프트웨어를 제공하면서, 게이츠는 진정으로 사회공헌분야에 헤비급 존재가 등장함을 알렸다. 이 기금은 그해 연방정부가 공공도서관에 할당한 규모를 넘어서는 수준이었다. 그 후 2000년에는 모든 사회공헌적 관심사를 빌&멜린다 게이츠 파운데이션으로 흡수했고, 2018년 말까지 전 세계 130개 이상의 국가에서 500억 달러 이상의 가치를 지닌 원조를 했다. 보통 빌&멜린다 게이츠 파운데이션은 현존하는 가장 큰 자선단체로 여겨진다.

그는 2012년 포브스에 이렇게 말했다.

"민간부문에서는 돈을 얼마든지 낼 수 있는 사람들이 인간의 욕구를 충족시키기 위해 경이로운 일들을 해내고 있지만, 세상에는 자신들의 필요를 표현해서 시장이 귀 기울이도록 만들 수 있는 방법이 없는 사람들이 수십억 명 있습니다. 그렇게 그 사람들은 아무런 방법도 없이 살아가게 되지요."

게이츠 파운데이션은 워런 버핏이 내놓은 기부금으로부터 지금까지 모두 합쳐 수십억 달러에 이르는 지원을 받아 왔다. 워런 버핏은 게이츠의 사회공헌 멘토로 임해 왔다. 버핏은 자신이 미국이라는 적절한 지역에서 적절한 시기에 태어나 자본을 배분하는 능력(그는 투자자의 역할을 이렇게 보았다)을 가진 덕에 돈을 벌 수 있는 '난소복권(ovarian lottery)'에 당첨된 것임을 알고 있다고 강조해 왔다.[3] 이러한 생각이 뭔가를 되돌려 줘야 한다는 그의 후천적인 욕망을 이끌어 가고 있다. 그는 2006년 포춘지에 이렇게 말했다.

앤드류 카네기는 대부분 사회로부터 흘러들어온 막대한 부는 대부분 사회로 돌려보내져야 한다고 했습니다. 저 같은 경우에, 자본을 배분하는 제 능력은, 제가 부유하고 인구가 많은 국가에 살지 않았다면 거의 효용이 없었을 겁니다. 그런 국가에서는 어마어마한 양의 유가증권이 거래되고 가끔은 우스꽝스러울 정도로 잘못된 가격이 매겨지기도 하는데, 제게는 다행스럽게도 지난 세기의 후반기에는 그 나라가 바로 미국이었어요.

몇 가지 주요원칙들과 관련해서, 버핏은 근본적으로 기업과 사회공헌 활동이 여러 핵심적인 면에서 서로 충돌하게 된다고 믿고 있다. 2011년에는 하아레츠 신문에 다음과 같이 말하기도 했다.

"사업을 하면서 여러분은 간단한 문제들을 해결하려 하고, 사회공헌을 하면서는 아주 어려운 문제들을 해결하려 합니다. 진지

3. 타고난 행운을 말한다_편집자 주

하고도 대대적으로 사회공헌 활동을 하고 있다는 것은, 오랫동안 지성이 뛰어난 자들을 좌절시켜 왔으며 사람들이 이미 그 중요성을 알고 있는 문제들에 용감하게 맞선다는 의미입니다. 그러니 더 많이 실패할 것이라고 예상해야 합니다."

이는 게이츠 파운데이션이 미국의 특정한 욕구(교육의 기회와 정보기술에의 접근성을 확장하려고 애씀)와 국제사회의 특정한 욕구(의료를 강화하고 극심한 빈곤을 퇴치하는 것을 목표로 삼음) 모두에 걸맞게 미션을 조정하는 과정에서 뼈저리게 얻은 교훈이다. 전 세계적으로 게이츠 파운데이션은 에이즈와 폐결핵, 말라리아 등 후진국에서 훨씬 더 만연한 질병들과 맞서 싸우기 위해 수십억 달러를 투자하고 있다. 또한 소아마비를 지구에서 근절하는 한편, 안전한 위생시설 없이 살아가는 약 4억 5천만 명 사람들의 생활을 개선시키기 위해 새로운 종류의 변기를 다시 설계하려는 야심찬 계획도 있다.

기술혁명에서 탄생한 슈퍼리치 기업가들은 부인할 수 없을 정도로 사회공헌 활동의 면면을 바꿔 놓고 있다. 이들의 막대한 자산 덕에 지금까지 자선단체와 정부로선 해결할 수 없었던 문제들과 맞붙을 수 있게 됐다. 하지만 더 적은 예산으로도 사회공헌이 가능하다. 사업을 운영하는 것과 마찬가지로 이는 근본적으로 자원을 현명하게 배분하는 문제다. 예를 들어, 수천 달러를 기부하는 것만으로는 암을 치료하기 위해 필요한 모든 연구에 자금을 댈 수 없다. 하지만 그 돈은 앞으로 치료법을 찾는 것에 도움이 될 의사를 위한 장학금을 내어 주기 위한 기부금으로 쓰일 수 있다. 기업가로서 인생에서 충분한 보상을 받았다고 느끼는 이들에게, 사회공헌은 의심의 여지도 없이 더 큰 선(善)에 기여함으로써 '수지균형을 맞춰 주는' 가치 있고 개인적으로 보람 있는 방법이 된다. 게이츠는 2006년 기자들에게 이렇게 밝혔다.

저는 막대한 부는 막대한 책임감과 함께 온다고 믿습니다. 이는 사회에게 돌려줘야 하는 책임감, 그러한 자원들이 가장 어려움에 처해 있는 사람들을 도울 수 있는 최적의 방법으로 사용되고 있는지 살펴야 할 책임감입니다.

억만장자 클럽

게이츠들(빌과 멜린다)과 버핏은 현대의 사회공헌 분야에서 가장 특별한 발전의 배후에 있는 이들이다. 바로 기빙 플레지(Giving Pledge, 기부서약) 캠페인이다. 2010년부터 기빙 플레지 캠페인은 억만장자들(또는 예전의 자선적 기부만 아니었어도 억만장자가 되었을 사람들)을 타깃으로 삼아서, 대의명분을 위해 재산의 50퍼센트나 그 이상을 내놓을 것을 서약하라고 촉구한다. 2019년 현재 200명 이상이 이 서약에 서명을 했다. 언젠가는 빌&멜린다 게이츠 파운데이션의 기부금마저 그저 그렇게 보이게 만들 규모의 돈이 사회공헌 분야에 넘쳐흐를 것임이 분명하다.

사회적 기업가정신: 사회공헌, 그리고 플러스알파

"저는 젊은 청년들이 그저 돈이나 버는 게 아니라,
사회적 기업을 세운 기업가가 되어 세상에 기여하길 권합니다.
돈을 버는 건 재미가 없어요. 세상에 기여하고 바꿔 나가는 게
훨씬 더 재미있답니다."

무하마드 유누스, 그라민 은행의 창업자, 2010년 글로벌 소셜 서밋에서

사회공헌 활동은 기업가들이 세상을 위해 좋은 일을 하려고 사업적 감각을 활용할 수 있는 매우 보람 있는 방법으로서 오래전에 생겨났다. 하지만 여러 모델 중의 하나일 뿐, 사회적 책임에 중점을 두는 일부 기업가들에게 이 접근법은 일관성이 없어 보일 수 있다. 사회공헌 활동은 전통적인 상업적 노선에 따라 초기에 부를 축적하는 것이 필요하고, 그러고 나서야 그 부를 전파하는 두 번째 과정을 거치게 된다. 하지만 사업을 하면서 바로 동시에 '선행(善行)'이 가능하다면 어떨까? 이쯤에서 사회적 기업가정신이 등장하게 된다. 사회적 기업가정신은 최근 수십 년간 급격히 성장하고 있

는 현상이다.

우리가 지금껏 보아 왔던 것처럼, 성공적인 기업은 시장의 요구를 찾아내어 그 요구를 충족시킬 수 있는 방법을 제공해야 한다. 사회적 기업가는 사회적 요구를 찾아내어 그러한 요구를 충족시켜 줄 사업을 기획하는 것에서 시작하되, 다른 영리기업들과 동일하게 지속가능한 사업 구조를 채택한다. 다시 말해, 사회적 기업은 자발적 기부(이를테면 자선활동)에 의존해서 운영되는 것이 아니라, 계속 작동하기에 충분한 수익을 생성해 낼 수 있는 영리적 모델을 수립해야 한다. 사회적 기업은 상업적으로 성공할 수 있는 어떤 프로그램 자체를 실행해야 하는 것은 아니지만, 발생한 비용은 반드시 기업의 다른 부분에 의해 흡수되어야 한다. 피터 C. 브린커호프는 《사회적 기업가주의: 임무를 기반으로 한 사업개발의 기술(Social Entrepreneurship: The Art of Mission-Based Venture Development)》에서 사회적 기업가를 다음과 같이 묘사했다.

사업적 기업가주의의 핵심은 훌륭한 관리에 있다고 본다. 훌륭한 관리란 현재의 영예에 안주하지 않고, 새로운 일을 시도해 보며, 새로운 방식으로 사람들을 대하고, 평생 배움을 놓지 않으며, 자신의 조직이 우수함의 근원이 되도록 노력하는 것이다. (중략). 사회적 기업가는 매번 투자를 할 때 사회적 수익과 경제적 수익을 가늠해 본다.

사회적 기업은 아주 광범위한 형태를 띤다. 어떤 기업은 장애를 가진 사람들을 고용해 다른 회사에서는 받기 어려운 수준의 임금을 지불한다. 탐스(이 장의 마지막을 살펴보자) 같은 기업은 영리적 프로그램과 사회적 프로그램을 동시에 운영하며, 어떤 기업은 상업적 기반 위에서 사회적 서비스를 제공하기도 한다. 전 세계적으로 사회적 기업을 육성할 수 있기를 기대하는 조직인 아쇼카의 창업자 빌 드레이튼은 사회적 기업가가 기존의 사업 방식을 어떻게 대대적으로 개편하려 하는지를 상기시켜 준다. 그는 말했다.

"사회적 기업가들은 물고기를 주거나 물고기 잡는 법을 알려주는 것에서 만족하지 않아요. 어획 산업을 혁신적으로 바꿔 놓을 때까지 쉬지 않을 겁니다."

장 보스코 자이마나의 사례는 사회적 기업가가 여러 가지 문제를 한꺼번에 해결하기 위해 어떻게 일할 수 있는지를 보여 준다. 그는 르완다의 농촌에서 자랐는데, 그의 유년기는 부족했던 기억뿐이었다. 마을에는 전기가 들어오지 않았고, 매일 학교까지 가는 여정에는 장작을 줍기 위해 멀리 숲속을 통과해 가야 하는 길도 있었는데, 가끔은 학교에 도착하기도 전에 지쳐 버리는 아주 위험한 일이었다. 게다가 자이마나는 연료를 구하기 위해 나무를 베는 일이 그 지역에 환경적으로 해로운 영향을 미친다는 것을 알고 있었다. 벌목은 침식을 일으키고, 침식은 커다랗고 깊은 도랑을 만들어 내어 지금껏 그랬듯 쓰레기를 버리는 데에 쓰일 것이기 때문이었다.

마을은 환경오염 때문에 진퇴양난에 빠진 것처럼 보였다. 그러나 자이마나는 지역의 유기폐기물을 연료이자 농작물을 위한 비료로도 사용할 수 있는 무공해 번개탄으로 바꾸는 아이디어를 생각해 냈다. 2013년 그는 하보나('빛'이라는 의미다)라는 이름의 회사를 세웠고, 자신의 아이디어를 현실로 바꿔 놓기 위해 지방당국과 국제적인 기술 파트너와 함께 일했다. 자이마나는 바이오 연료를 만들기 위해 폐기물을 모으기 시작했다. 이렇게 되면 결과적으로 추가적인 삼림벌채에 대한 필요성이 감소하고 지형의 변형을 방지하며 쓰레기 투기량을 줄일 수 있을 뿐 아니라 많은 마을 사람들이 장작을 모으는 고된 일에서 해방될 수 있었다. 사업을 시작하고 현지 주민들에게 유급 일자리를 제공하게 된 지 1년 후, 그는 아프리카 혁신상(African Innovation Prize)을 수상했고, 향후 몇 년간 자신의 성공의 공식을 다른 많은 지역에까지 확장시킬 수 있길 바라고 있다.

1970년대까지 거슬러 올라가 사회적 기업가정신 운동을 확대시킨 주요 인물들 중 가운데 하나는 방글라데시의 그라민 은행 창업자인 무하마드 유누스다. 2006년 그와 그의 조직은 '마이크로크레디트(Microcredit, 무담보소액대출)를 통해 밑에서부터 경제적이고 사회적인 개발을 이끌어 낸 공'으로 노벨 평화상을 수상했다. 2년 후 포린 폴리시지(誌)는 그를 '세계적인 사상가 톱100'에서 2위로 선정했다.

사회적 기업가주의에 대한 유누스의 철학은 전 세계 수백만 명의 사람들이 금융에 접근할 수 없기 때문에 가난에서 벗어나지 못한다고 인식하는 것이 핵심이다. 그는 2016년 PBS에 이렇게 말했다.

"모든 인간들은 기업가로 태어납니다. 일부는 그러한 능력을 펼칠 수 있는 기회를 얻습니다. 일부는 절대로 기회를 얻지 못하고 자신이 그러한 능력을 가졌는지도 모르고 삽니다."

1976년 유누스는 이러한 불평등에 대한 잠재적인 해결책을 들고 나왔다. 그는 자금을 필요로 하는 사람에게 마이크로크레디트를 제공해 주는 것에 초점을 맞춘 은행을 설립했다. 이 전략은 그 후로 몇 년간 모멘텀을 얻게 됐고, 소액금융은 빈곤에 대항하는 세계적인 전쟁에서 중요한 무기가 됐다.

1976년 그라민 은행은 한 무리의 방글라데시 여성들에게 27달러를 빌려주었다. 이 돈으로 여성들은 자신들에게 필요한(그러나 혼자 힘으로는 살 수 없었던) 재료들을 구입할 수 있었고, 손재주를 활용해 대나무 의자를 만들었으며, 그 의자들을 팔았다. 이 여성들은 개인적으로 전통적인 은행에서 융자를 받기에는 자격이 부족했고, 어쩌면 일종의 담보물을 요구받았을 수도 있었다. 하지만 그라민 은행은 기꺼이 돈을 빌려주었는데, 여성들이 합당한 시일 내에 그 돈을 완전히 갚을 수 있을 만큼 충분한 수익을 올릴 수 있다는 것을 알기 때문이었다. 게다가 대출 규모는 여성들의 사업이 망해서 융자를 갚지 못한다 하더라도 은행이 과하게 피해를 입지 않는 수준이었다. 일이 잘 풀리게 되면서 여성들은 돈을 모두 갚았고, 하마터면 꿈조차 꾸지 못했을 지속가능한 사업을 탄생시켰다.

이름에서 알 수 있듯 소액융자는 보통 10달러에서 시작해 몇천 달러를 넘는 일이 거의 없을 정도로 규모가 작다. 이러한 융자는 가끔 집단을 대상으로도 이뤄지는데, 이러한 집단들은 자율적으로 통제하면서 각 구성원이 개인 사업을 성공시키기 위해 최대한의 노력을 쏟도록 격려받았음을 확인하는 경향이 있다. 그라민 은행은 소액금융 혁명으로 이어지는 길을 닦았다. 모두에게 상업적으로 실행 가능한 메커니즘을 통해 수많은 사람들이 빈곤에서 벗어날 수 있음이 명백해졌고(소액금융기관은 보통 자신들의 수익이 좀 더 치열한 상업적 부문의 은행들과는 경쟁할 가능성이 거의 없음을 인정하고 있다), 결정적으로 정부의 개입을 원치 않았다. 실제로 유누스는 2001년 자서전 《가난한 사람들을 위한 은행가》에서 이렇게 썼다.

나는 오늘날 우리가 알고 있는 '정부'가 법의 집행과 사법재판, 국가안전보장과 외교를 제외한 대부분의 일에서 물러나길 바란다. 그래서 민간부문과 '그라민 은행화된 민간부문', 사회의식을 기반으로 한 민간부문이 정부의 다른 기능을 인계받도록 내버려 두길 바란다.

이러한 관점은 비현실적일 수 있고 어쩌면 바람직하지 않을 수도 있다. 그러나 유누스나 그와 같은 사회적 기업가들은 전통적인 기업가정신의 개념을 어떻게 완전히 뒤엎어 버릴 수 있었는지를 보여 준다. 사회적 기업가주의는 상업적으로 성공 가능한 방식으로 욕구를 충족시키려는 기업가주의의 전통적인 도전에 맞서 나갈 뿐 아니라, 이 세상에서 지속적인 변화를 꾀해 볼 수 있도록 해 준다. 사회적 기업가정신의 세계에서도 개인적인 부를 축적하는 것이 가능하지만, 좀 더 전통적이고 순수하게 영리적인 기업가주의의 세계에서만큼 더 쉬운 것은 아니다. 하지만 막대한 은행잔고가 아닌 다른 요인들에 의해 성공이 입증된다고 믿는 이들을 위해, 사회적 기업가정신은 스스로가 세상 최정상의 자리에 오르면서도 다른 이들을 위해서 최고의 세상으로 만들 수 있는 가능성을 제안하고 있다.

한 번에 한 걸음씩

2006년 미국인 블레이크 마이코스키는 탐스(Toms)라는 이름의 신발 회사를 세웠다. 아르헨티나로 떠났던 여행에서 영감을 얻은 그는 알파르가타(아르헨티나에서 유명한 캔버스 슬립온 신발)를 북미 시장에서 팔기 위해 디자인을 연구했다. 하지만 탐스는 사회적 기업으로 탄생했고, 그 독창적인 셀링 포인트(Selling Point)는 북미에서 신발이 한 켤레 팔릴 때마다 아르헨티나의 가난한 젊은이들에게 무료로 신발 한 켤레를 제공하는 것이었다. 마이코스키는 이 모델에 '원 포 원(One for one)'이라는 이름을 지어 주었고, 특히나 회사가 생산량의 일부를 개발도상국으로 옮기면서 아주 효과적인 전략임을 증명했다.

How to Think
Like an Entrepreneur

21세기 최고 CEO들의 경영철학

How to Think Like an Entrepreneur

초판 1쇄 발행 2021년 3월 22일

지은이 다니엘 스미스
옮긴이 김문주
펴낸이 권성애
편 집 정승혜
디자인 얼앤똘비악earl_tolbiac@naver.com

펴낸곳 SA(에쎄이) Publishing Co.
주소 서울특별시 강남구 영동대로 602, 6층 sgi159(삼성동)
이메일 sapublishingco@gmail.com
팩스 02-6305-0038
출판등록 제2020-000019호
책정가 16,500원

ISBN 979-11-969486-2-7 (03320)

*책값은 뒤표지에 있습니다.
*잘못 만들어진 책은 구입하신 곳에서 바꾸어 드립니다.